ABREGÉ
DE L'HISTOIRE
DES ROYS DE FRANCE, AVEC

LES EFFIGIES DEPVIS PHARAMOND

iusques au Roy LOVYS XIII.

à preſent regnant.

Tirees des plus rares & excellens
Cabinets de la France.

Reueu, corrigé & augmenté de nouueau, de ce qui s'eſt
paſſé iuſques au mois d'Auril, 1615.

A ROVEN,

Chez DAVID GEVFFROY, demeurant
à la ruë des Cordeliers ioignant S. Pierre.

1615.

Auec priuilege du Roy.

CLOVIS, CHARLE-
MAGNE, HVGVES CAPET, S.
LOVYS ET TOVS LES VER-
tueux Roys de France.

A nostre bien aymé Louys XIII. Roy de France.

FLEVRON,
Precieux du Lys de France, reietton de nos
Royales souches, nouueau Phœnix de nos
cendres. Puis que vous estes la representation de nous tous, pour estre ce qu'auons
tous esté & que vous estes monté par la mort de HEN-
RY LE GRAND, DE LOVABLE MEMOI-
RE, VOSTRE DEFVNCT PERE, au degré d'où le
temps nous a fait descendre, il vous faut auoir & sçauoir ce que tous auons eu & sçeu des belles vertus, que
vous parliez côme iadis nous, que l'on nous recognois-
ses à vous ouyr parler, que nos ames se remarquent aux
sages effects de la vostre. Pource nous desirôs vous parler tous ensemble: Les discours que pretendons vous
tenir sont courts, mais qui comprennent tous les discours du monde en peu : C'est l'Asie en Sparte. Pour
vous dire qu'à dire peu & bien faire, s'acquierent les
mondes. Vostre langage doit estre court habillé, comme vous, habillé comme les hommes, non comme les
femmes. L'Escuyer commence à dresser le cheual par
la bouche, le captiuant sous la maistrise du frein. Où

l'on parle peu, il faut peu de Loix. Platon n'en euſt
qu'vne en ſon Academie, à ſçauoir le ſilence, c'eſt celle
que nous auons ſeule à vous recommander en l Eſcolle
de ce grand Platon qui nous nourrit des preceptes, ti-
rez des exemples ſignalez de celuy qui vous a donné
l'eſtre mais vn eſtre vertueux, duquel la ſouhaitable
preſence vous ſert d'ample inſtruction, la longue vie,
d'accroiſſement à voſtre grandeur, la fœlicité de tout
bon-heur à voſtre ieuneſſe. Dieu vous maintienne long
temps à la France, & priez Dieu pour la paix de nos
ames, lors que nous le ſupplions pour l'accroiſſement
de vos ans, de vos vertus, & de voſtre bon-heur.
A Dieu.

BRIEF
DISCOVRS EN
FORME DE PREFACE,
SVR LE COMMENCEMENT,
PROGREZ, PERIODE, ET
changement des trois Royalles
lignees, qui iusques à present ont gouuerné la
France.

PAR H.C.

Epuis que la Monarchie de France s'est venu establir en la Gaule, il est certain que selon nos Historiens François, elle a esté iusques à present regie
par trois diuerses lignees, par l'espace d'onze cens
soixante cinq annees ou enuiron. Le commencement
de laquelle, la pluspart le raportent à l'an quatre cens vingt que
Pharamond par vn meur conseil des Barons, fut le premier esleu
Roy des François. Les autres à l'an 450. que Merouee supplantant
les enfans de Clodion ou Cloion, empieta le Royaume. Et quelques-
vns à l'an 485. que Clouis acheua d'exterminer de tout poinct la
puissance que les Romains auoyent en la Gaule : toutesfois parce
qu'il semble que Merouee s'est le premier par forces d'armes ouuert la voye, ou par capitulation faite auec les Romains donné
assiette en la Gaule, où Pharamond ny Clodion n'auoit eu siege
arresté ny paisible : parce que tous deux n'estoyent encores sortis

du riuage du Rhin , où ils auroyent regné par l'espace enuiron de
30.ans, nous les laisserons en arriere , & recognoistrons pour la
premiere lignee celle des Merouees , comme ayant Merouee esté le
premier Roy des François qui a passé en ce pays, & ouurit le chemin aux descendans de sarace, en laquelle depuis l'an 450. que
Merouee a commencé a regner , iusques en l'an 752. qui fait l'espace de 302.ans, ont regné 19.Roys : le temps du regne desquels
comme de tous les autres est confusement cotté par tous ceux qui
en ont escrit. La race des Merouees fut spoliee de son honneur par
Pepin, lequel non content de ce que son pere Charles Martel auoit
despouillé les Roys de France de leur authorité , leur laissant pour
tout le simple titre de ROY , pour satisfaire d'auantage a son ambition qui affectoit de ioindre en soy le nom auec l'authorité Royalle, n'estant retenu que par quelque mine de religion & conscience,
impetra du Pape Zacharie dispence du serment de fidelité, tant pour
luy, que pour les François qu'ils auoient du ROY Childeric , & fit
assembler les Estats de France en la ville de Soissons par lesquels il
fit dégrader le pauure Childeric dernier Roy de la race des Merouees, & sa femme Gisale , les ennoyans faire profession de la vie
monastique au pays de Bauiere , & se fit donner le nom de ROY &
couronner par Boniface Arceuesque de Mayence, transportant en
ceste façon la Couronne de France en la seconde lignee appellees de
Carlees, à cause de Charles Martel pere de Pepin, deux cens quatre
vingts treize ans apres le trespas de Merouee, & 267.ans apres le
commencement du regne de Clouis, & 238 ans apres le decez d'i-
celuy. Ensemble aussi soixante & quatorze ans apres que Pepin
Heristel l'eut transporté en sa lignee la dignité de Maire du Palais
des deux Frances: & enuiron 88.ans apres que le Maire Ebroin eut
commencé d'éleuer & agrandir la puissance & authorité de sa
dignité au deprimant & ravalement de celle des Roys. Ceste seconde lignee a duré 233.ans commençant à conter au regne de Pepin, iusques à Louys 5.du nom & dernier de la race des Carleens,
en laquelle ont regné treize Roys, qu'Empereurs , Hugues Capet

que nos historiens disent estre descendu de Carloman du costé de son
pere & de Charlemagne de celuy de sa mere, vsurpa la couronne de
France du consentement des Estats sur la lignee de Pepin : donnant
le commencement à celle de Capets, deux cens trente huict ans apres
que Pepin eut spolié les Merouees (qui est vn nombre considerable
selon la cabale Pithagorique és changemens des republiques :)
Car apres le decez de Louys cinquiesme du nom, il se rendit partie
contre Charles Duc de Lorraine qui estoit plus prochain de droit à
succeder à la couronne comme estant oncle paternel dudit Louys &
frere du Roy Lothaire pretendant iceluy Capet que Louys luy auoit
resigné la couronne par son testament, se fiant aussi en la puissance & authorité qu'il auoit en la France, de la faueur que luy portoit le peuple, & la noblesse Françoise, & du mescontentement
qu'on auoit de Charles Duc de Lorraine, qui s'estoit trop affecté au
parti des Allemans & de ce que ledict Charles fut trop long à
venir recueillir le Royaume : qui fut cause que ledit Capet s'alla
faire declarer Roy à Noyon, par les Princes, Barons & Prelats
de France : & puis oindre & sacrer à Rheims, le troisiesme Iuillet
l'an neuf cens quatre vingts sept. La lignee dudict Capet a esté
interrompuë à Philippes de Valois, iusques auquel ont regné quatorze Roys en l'espace de trois cens quarante ans. Car apres le decez de Charles dit le Bel Roy de France & Nauarre, pource qu'il
ne laissa aucuns hoirs masle de son corps, Philippes de Valois son
cousin germain, comme estant le plus proche heritier de la couronne
en ligne masculine, fut declaré Roy de France, & confirmé par
les Estats, à l'instance mesmes de Philippes d'Artois Comte de
Beaumont, qui auoit espousé sa sœur : Quoi que le ieune Roy
d'Angleterre Edouard, voulut debattre le droict qu'il y pretendoit a cause de sa mere, qui estoit fille vnique de feu Philippes le Bel,
& sœur de Louys Hutin, Philippes le Long, & de Charles le Bel :
mais il en fut debouté tant par la loy de France qui n'admet les
femmes a la couronne, que pource que les François n'auoient onc-

ques permis que le Royaume tombast en main estrangere : ioint
que ledict Edoüard n'y auoit aucun droict , d'autant qu'il estoit
precedé des filles des Roys Loüys Hutin, Philippes le Lõg, & Charles le Bel , lesquelles sans aucune controuerse s'estoyent demises de
tous leurs droicts sur les masles , & la pluspart mesmement d'entre
elles au profit de Philippes de Vallois, qui paruint par ce moyen à la
Couronne , & tint le 49 lieu entre les Roys , en la lignee duquel
ont regné douze Roys , iusques au Roy Loüys treiziéme de ce
nom.

DE PHARAMOND

Plus ne veut le François gemir dessous ta main,
Il s'establit des loix, garde ton droit Romain.

De Pharamond, premier Roy de France.

L E s François habitans en la basse Germanie, des longs-temps auparauant le regne des Empereurs Valentinians, soit qu'ils en fussent originaires, ou qu'ils fussent venus d'ailleurs, auoyent au dire de Aimoynus, Ado, & d'autres Histoires, cessé par vne interualle de temps se gouuerner par Rois, se contentans d'estre conduits par Ducs, iusques à ce qu'il leur print enuie de retourner à leur premiere coustume, incitez de l'exemple des autres nations: De sorte qu'apres auoir meurement aduisé de leur faict, se resolurent sur l'election de Pharamond pour estre leur Roy : pource qu'outre les vertus qui reluisoyent en luy , il estoit fils de leur dernier Duc Marcomire, que Stilco auoit dés l'an 395 de nostre salut confiné en exil en la Toscane. Le temps de son election n'a esté remarqué d'aucuns de nos anciens Historiens , nos modernes n'en sont aussi non plus d'accord que du nombre des années qu'ils disent qu'il a regné. Car aucuns chroniqueurs Allemans en content sept seulement, autres 9. Onufrius 14. mais quasi tous les Annalistes François , suyuant Sigebert, conuiennent de dix ou douze ans, lesquels ils commencent à l'an 419. ou 420. de nostre salut. Les François s'emparerent sous luy du chasteau de Dispargum , qui estoit selon Gregoire en la Tongrie ou Turingie deçà le Rhein: où il faisoit (à ce qu'il dit) sa residence : ou bien de la Germanie, sans s'efforcer de passer outre, s'estudiant seulement a instituer & fonder son Royaume de bonne police , & de loix nommées Ripuaires , & Saliques : à cause que les François se tenant alors la plus part pres du fleuue Sals (qui se desgorge dans le Mein, qui est vne grande & fameuse riuiere en la Germanie) estoyent appellez Saliens, & leur principalle ville Selgestad: qui n'en voudra d'auenture tirer la nomination de Salagast , qui fut vn des autheurs d'icelle. Finalement estant Pharamond paruenu au periode de sa vie, laissa la succession de son Estat à son fils Clodió, l'an 430.

Barba viros crinesque decent.

La barbe & la perruque orne l'homme.

Cesar plus enerué qu'vne Troyenne impure
Ne defens plus aux miens l'hommasse cheuelure.

De Cloion, ou Clodion second Roy de France.

CLOION ou Clodion, selon Sidonius Appolli-naris, Gregoire de Tours, succeda à l'estat de son Pere Pharamond l'an 430. de nostre salut. Il fut surnommé le cheuelu, pource qu'il fit porter aux Fran-çois longue cheuelure, en signe de liberté, afin de les discerner d'auec les Romains, ou (selon aucuns mo-dernes) à ce que de là en apres nul ne portast longue cheuelure, qu'il ne fust du sang Royal. Au commence-

ment de son regne voyant que les Romains estoyét en
affaires cótre les Vvandales en Afrique, & la dissentió
qui estoit entre Ætius & Boniface, partit du chasteau
de Dispargum, & s'empara de Cambray, & de tout le
pays qui est entre les riuieres de l'Escaut & la Somme,
où sont au iourd huy les villes de Mont, Valenciénes
Cambray & la Forest appellee anciennement char-
donniere. Et apres auoir fait vne grande desconfiture
bes Romains, qui luy vouloyent faire teste, il paruint
iusques au bourg saincte Helaine, qui est en la terre
des Artesiens. Il subiuga aussi les Turingiens, Saxons,
& autres peuples d Allemaigne, selon Funccius. Autres
adioustent, que la cité de Maience fut aussi conquise
par luy. Le Humihaut de Tritemius tient, qu'il diuisa
son Royaume en deux parties, nommant celle du costé du Rhein, Austrasie, & l'autre qui regardoit l Occident, Neustrie ou Vvestrie. Les Chroniqueurs de
Flandres disent, qu'il mena son armee contre ceux de
Theroüenne, appellez Moriniens, lesquels il sumit à
son Estat, apres qu'ils eurent veu le secours des Cim-
bres, & Rutheniens, qui venoit pour eux, desconfir,
& leur Capitaine Gondmar occis, qui auoit vne fille,
que Clodion fit espouser a vn sien neueu, nommé Flan-
debert, duquel ils veulent l'apellation de Flandres
estre procedee : combien qu'il y ait plus d'aparence,
qu'elle ait esté donnee seulement de puis le temps de
Charlemaigne. Il deceda la 20. annee de son regne,
l'an 450. selon Ado & Aimoynus, laissant comme Iaques Meier, & Richard de Vvassebourg racontent,
Ranchaire, ou Ranachaire, Renaut, & Alberic ou Au-
beron ses fils.

Argonante nouueau, ie consacre à Paris,
La nef qui vit sonner à sa riue mes cris.

De Merouee, troisiesme Roy de France.

MEROVEE, Maire du Palais de Clodion selon Iaques Meier & Richard de VVassebourg, lequel toutesfois l'Abbé d'Vrpergestime auoit esté son bastard, & les autres historiens François, son proche parent, fut, à cause de sa vaillance & experience au faict de la guerre éleu Roy des François. lan 450. laissant les enfans de Clodion forclos du Royaume. Plusieurs estiment qu'il a esté le premier qui s'est donné la loy de se pourmener hardiment par toutes les Gaules, pour ce que par forces d'armes il s'ouurir la voye en icelles, où aucun

de ſes predeceſſeurs n'auoit eu ſiege arreſté ny paiſibles
Et pour ceſte cauſe eſtant recogneu de nos anceſtres
pour le premier Roy qui paſſa en ce pays appellerent les
François Merouingiens. Autres eſtiment que ce fut à
cauſe, qu'il eſtoit le premier de la lignee, qui regna ſur
les François iuſques à Pepin, d'autant que les enfans de
Clodion furent ſupplantez, leſquels ſe retirerent à l'aide de leur mere, au Royaume de Turingie : où eſtant
paruenus en aage, recouurent à l'aide de pluſieurs nations d'Allemagne, le Cambreſis, Tournay, Haynault
& Colongne, d'où ils s'en nommerent Roys, & les
deffendirent eux & leur poſterité contre les Merouingiens iuſques à Clouis. Cependant Attila Roy des
Huns ayant gaſté vne partie de l'Europe, tentoit
les moyens de ſe ioindre auec les Vviſigots & François, pour ruiner les Romains : qui fut cauſe de les faire rechercher par Ætie, Gentil-homme Romain, qui
auoit la charge des guerres & de toute la gendarmerie
Romaine d'Occident, lequel commet Meroüee pour
combattre Attila en l'aile dextre de ſa bataille auec ſon
fils Childeric : laquelle fut donnee en la plaine Cata-
lonique, qu'aucuns eſtiment eſtre celle de Chaalons en
Champagne, autre de la Solongne pres d'Orleans, qui
ſemblent auoir mieux deuiné, que ceux qui la mettent
pres Toulouze : parce qu'il eſt bien certain, qu'Attila
n'entra ſi auant dans le pays des Vviſigots, où le choc
fut ſi cruel & furieux qu'il y demeura ſur le champ
190. mil'homme. Meroüee deceda en la dixieſme annee de ſon regne, ſelon Sigebert, & les autres Hiſto-
riens, l'an 459.

L'anneau qui d'exil me r'appelle
C'est la foy d'vn amy fidelle.

De Chilperic, ou Hilperic, quatriéme Roy de France.

CHILPERIC succeda au royaume en faueur de
la memoire de son pere, l'an 450. nonobstant
qu'il semblast mieux estre nay pour conduire
vne guerre, que pour gouuerner vn Royaume en iustice & en paix, à cause de son in-
solence & lubricité, pour laquelle les plus grands
de son Royaume le contraignirent, ayant ià regné
trois ans, de s'enfuir au Royaume de Turingie, pour
illec attendre l'issuë de sa fortune. Mais auant
son partement il donna sa parole à son amy Vido-

mere,ou selon aucuns , qui emans, duquel il receut l
moytié d'vne piece d'or l'admonnestant qu'il retour-
nast hardiment quand il receuroit l'autre. Apres ce, les
Fráçois eleurent en sa place Gilles ou Gillon, Gouuerneur de Soissons pour les Romains, lequel regna huic̈t
ans:au bout desquels Chilperic fut rappellé par Vi-
domare , lequel auoit si dextrement fait , que Gilles se
moyenna luy-mesme la cause de la haine que les François conceurent contre luy. Chilperic dont se mettant
a recouurer son Royaume , gaigna vne grosse bataille
sur Gilles són ennemy au moyen de laquelle il mist entre ses mains la ville d'Agripine , laquelle les François
firent nommer Colongne: Mais il s'acquit à son retour
vne vilaine tache d'ingratitude enuers só hoste le Roy
Basin de Turingie, pour ce qu il luy souleua sa femme,
& l'emmena en France , & engendra d'elle clouis , qui
nasquit (s'il a vescu 45.ans, & son pere regné 14.ans)
en la 10. annee d'iceluy. L'abbé Tritemus dit , que les
Duchez & Comtez furent instituees & erigees en Fráce par Chilperic , qui les distribua aux Princes de son
sang. Mais il y a plus d'aparence , que les François ar-
riuant en la Gaule, retindrent seulement la plus generale,que les Romains y auoyent plantee , auec la nomination des Duchez & comtez, qui ne signifioyent autre chose que prouinces generales & subalternes. Les
petits Bretons de la Gaule Armorique commencerent
sous luy leur origine l'an quatre cens soixante,comme
aussi l Empire Romain print sa fin en Occident, l'an
477. Chilperic deceda en la vingt quatriéme annee de
son regne,enuiron l'an 434.

O Cendre de la Croix, mon forfait ie t'adore,
Mais vous idoles miens, que le feu vous deuore.

De Clouis, v. Roy de France & premier Roy Chrestien.

L O V I S ou Loys, vint, à la Couronne, l'an quatre cens quatre vingts cinq, estant aagé de 15. ans. Il à surmonté par sa magnanimité la gloire de tous ses predecesseurs : & luy doit on à bon droit rapporter la vraye entree & promission des François en la Gaule, selon les escrits de Gregoire de Tours, Aimoynus, Ado, & des modernes. Car par la defaite de Siagrius Comte de Soissons, fils de Gilles le Romain il reduit sa Comté sous la loy des François, & abolit en ceste sorte ce peu qui estoit resté du nom de l'ancienne puissance des Romains en la Gaule 537. ans

apres qu'elle eut esté reduite sous l'Empire Romain par
Iules Cesar. Puis il espousa Clotilde, fille de Chilperic,
l'vn des Roys de Bourgongne : & estant en la dixiéme
anne de son regne, il contraignit les Turingiens de
prendre la loy de luy. Il gaigna la iournee de Tolbiac
contre les Allemans, reduisant leur Royaume en Prouince, qu'il erigea en Duché appellee d'Allemagne : à
son retour se fit Chrestien en la 15. annee de son regne
& changea ses armes.   Il desfit prés de Dijon Gonde-
bault, oncle de sa femme, & au vingt-cinquiesme an
de son regne, il mit à mort de sa propre main en bataille Alarie Roy des Vuisigots, pource qu il estoit Ar-
rien, & les denicha de la Gaule : & par ce moyen il
submit à son Royaume le pays d'Angoulesme, Bordde-
lois, Perigort, Quercy, Rouergue, Albi, Auuergne &
Toulouze, ne restant à conquerir des Gaules que la
Prouence, & vne partie du Languedoc. Puis ayant esté
honoré du tiltre de Patrice par l'Empereur Anastase,
se transporta à Paris, où il mit le siege de son Royaume. Autres disent qu'il se desfit de tous ses parens, qui
en ce temps regnoyent sur vne partie des François, des
biens & seigneuries desquels il se saisit, de peur qu'ils
ne troublassent son Estat. Il regna 30. ans : & gist à S.
Pierre & S. Paul, auiourd'huy saincte Geneuiesue, l an
513. laissät Childebert Roy de Paris, Clodamire d'Orleans, Clotaire de Soissons, Theodoric bastard Roy de
Mets, & deux filles. Le Royaume qui ne commençoit
qu'à naistre se trouua par deux fois demembré.

La France par nos mains traistrement deschiree.
Se reioint à tout coup par la vouste etheree.

De Childebert, sixiesme Roy de France.

CHILDEBERT, fils aisné de Clouis, succeda au Royaume de Paris, qui estoit le siege Royal de la Monarchie Françoise, l'an 514. A l'aduenement de son regne, il fut incité auec ses freres par leur mere Clotilde, de venger la mort de ses pere & mere occis par Gondebaut à ceste cause, faisant la guerre aux Bourguignõs, prindrent leur Roy Sigismond en bataille & le precipiterent dans vn puys à Orleans auec sa femme & enfans. Puis ils retournerent incontinent contre Godemar frere de Sigismond

où Clodamire fut tué à la poursuite. Au moyen dequoy, & des guerres qui vindrent occuper la France,
Godmar se mit en possession de la Bourgongne. Cependant que Theodoric estoit apres contre Hermon-
froy, pour s'emparer du Royaume de Turingie, à l'aide
de son frere Clotaire, Childebert se saisit de la Comté
d'Auuergne: mais sçachāt le retour de son frere Theodoric qu'il pensoit estre decedé, passa en Espagne contre Almaric Roy des V Visigots, pour le mauuais trai-
tement qu'il faisoit à sa sœur Clotilde: qui fut tué prés
Tollette, & la ville prise : & à son retour remit la
Gascongne en son obeyssance, chassant les V Visigots
en Espagne, rendant par ce moyen les François entie-
remēt possesseurs des Gaules fors d'vne partie de la Prou-
uence, qui demeurera pour quelque temps és mains
des Ostrots d'Italie. Childebert estant de retour d'Espagne, alla auec Clotaire chasser Godemar de son
Royaume: lequel fut partagé entr'eux, comme aussi
fut celuy d'Orleās, apres auoir occis les enfans de leur
frere Clodamire, fors Cloud qui se sauua : En ce temps
Theodoal Roy des Ostrogots d'Italie remit entre les
mains des François tout ce qu'il tenoit de la Prouence,
afin qu'ils se ligassent auec luy contre Bellissaire. Pendant aussi Childebert & Theodebert entrerēt en mauuais mesnage auec Clotaire pour l'ambition: mais ayāt
esté reconciliez par les Nobles du pays. Childebert &
Clotaire passerent en Espagne & prindrent Sarragosse.
Depuis comme par vn complot fait auec Cranne son
Nepueu, il faisoit guerre à Clotaire, estant au plus fort
de son entreprise à rauager la campagne, deceda en l'an
45. de son regne l'an 558. selon Sig. & non selon Aim.
en la 49. Il gist à saint Germain des Prez.

Bruste ton fils qui suit sa mere
Pour tramer la mort à son pere.

De Clotaire premier du nom, septiesme Roy de France.

LOTAIRE, troisiesme fils legitime du
Roy Clouis, ayant regné quarante cinq ans
à Soistons (que nous disós Gaule Belgique)
apres le decez de son frere Childebert, lequel estoit decedé sans enfans, fut declaré
septiéme Roy de France. Ce que voyant Cranne son
fils, pource qu'il se voy oit destitué du port de son oncle Childebert, à l'aide duquel il menoit grosse guerre
contre son pere se vint rendre à sa mercy. Mais il fit si
mal son profit de la grace que luy auoit fait son pere,
qu'il tomba derechef en rebellion & felonnie, Et quád

il vit qu'elle ne luy succedoit pas mieux qu'auparauãt, il
s'enfuit vers Conobre: & selon d'autres Canabo, Prince
& Comte de la petite Bretaigne, lequel le reçeut, & en-
treprit de le deffendre contre son pere. A cause dequoy
Clotaire entra auec son camp dedans son pays, où il luy
donna bataille qui fut perduë par les Bretons, demeu-
rãt leur prince occis sur le chãp, & Cranne prisonnier,
que son pere fit enclorre & brusler tout vif dedans vne
maison auec sa femme, & enfans. Mais Clotaire apres
estre resté seul de tous les fils du ROY Clouis, mourut
le iour mesme, qu'il auoit vn an iustement auparauant
fait brusler son fils, en la cinquante & vniéme annee
de son regne, l'an cinq cens soixante trois, laissant quatre fils qui departirent derechef la Monarchie Frãçoise
en leurs premieres tetrachies : tellement que celle de
Paris, aduint à l'aisné, nommé Cherebert, ou Charibert, Soissons à Chilperic, Orleans auec le ROyaume
de Bourgõgne à Gontrã, & à Sigisbert l'Austrasie, auec
les Prouinces de là le RHein. Mais auant que paruenir
à ce partage fallut prendre les armes contre Chilperic,
pour le contraindre à rendre les thresors de leur pere,
desquels il s'estoit saisi, & par le moyen d'iceux de la
cité de Paris. Dont il semble que de là il print occasion
de la dent, que du depuis il porta tousiours à ses freres,
mesmes enuers son frere Sigisbert, ayant esté le motif
(selon Paul Diacre) que les Huns luy firent guerre.

Sans amour, sans plaisir, qu'est-ce de nostre vie;
Les plaisirs sont bornez apres qu'elle est rauie.

De Cherebert huictiesme Roy de France.

CHEREBERT, autrement dit Charibert, apres
le deceds de son pere Clotaire, fut Roy de
Paris, l'an cinq cens soixante quatre. Il s'adonna à toutes les voluptez deshonnestes qu'il pouuoit excogi-
ter, Gregoire de Tours n'a mis son regne en conte,
parce qu'il a peu vescu. Il recite toutesfois qu'il fut
excommunié par S. Germain Euesque de Paris, parce qu'il auoit repudié sa femme Igoberge, pour en
prendre vne autre, Chilperic & Gontran ses freres n'e-
stoyent gueres meilleurs : mais Sigisbert estoit Prince

d'honneur & vertueux. Cherebert mourut, au raport de
Sigebert & des Croniques de France, en la 9. annee
de son regne, sans laisser aucuns enfans, ny sans auoir
laissé dequoy parler de luy en bonne façon : qui fut
cause de faire entrer ses freres en grande controuerse
pour la succession d'iceluy : laquelle se trouua finalement en guerre, qui fut au dire de Paul Æmile, de
longue duree.   Neantmoins encores que Gregoire de
Tours, & Almoynus en ayant fort confusément parlé, sans designer le temps qu'elle commença, ny quand
Cherebert mourut, si est-ce toutesfois que Gregoire
declare qu'ils firent partage entr'eux du Royaume d'i-
celuy, suyuant lequel les villes de Tours, Poitiers, auec
l'Anjou, aduindrent à Sigisbert : mais ne dit pas ex-
préssement, quelle part eurent les autres, sinon qu'ailleurs il donne à entédre, que Chilperic obtint vne partie de la Normandie auec Rouen : Gontran le Berry,
Perigueux, & la Gascongne : mais il retindrent tous
leur part en la cité de Paris, & promirent les vns aux
autres, que nul d'eux n'entrerôt cy apres en icelle, sans
le consentemét des deux autres. Ledit Cherebert deceda à Blayes, prés Bordeaux, l'an 573. & fut enterré à S.
Romain dudit Blayes, Gontrant, Sigisbert & Chilperic eurent debat tout le temps de leur vie entr'eux, iusques à ce que mesme Sigisbert fut tué par deux soldats
attitrez par Fredegonde, femme de Chilperic qui estoit
assiegé dedans Tournay, par ledit Sigisbert, lequel a-
uoit esté peu de temps auparauant recogneu Roy de
Paris,

                                        De Chil-

Vror voluptatis nomen non dignitatis.

La femme c'est vn nom de volupté, non de dignité.

Qu'est la femme sinon l'instrument de plaisir?
La faut exterminer quant & quant le desir.

De Chilperic, neufiesme Roy de France.

HILPERIC , ayant regné neuf ans à
Soissons, & se voyant remonté du plus
bas au plus haut de sa fortune , par le decez de son frere Sigisbert , part de Tournay pour venir à Paris : où ayant esté reçeu pour legitime Roy , l'an cinq cens septante huict,
dépesche sõ fils Meroüee auec vne armee, pour aller reduire en son obeïssance les villes & pays de dessus Loire, mais au lieu de ce tira droit à Roüen : où par l'aduis
de l'Archeuesque Pretextatus , il espousa Brenehaut,
vesue dudit Sigisbert. Dequoy le pere irrité, apres auoir

mis en route l'armee dudit deffunt Sigisbert , qui l'e-
stoit venu assaillir pres Soissons, côsina Meroüee en vn
Monastere au Mans puis enuoya son autre fils en Guyenne, pour recounter ce que Sigisbert y auoit tenu: dôt
il fut chassé par le Patrice Mumole, Lieutenant du Roy
Gontran. Cependant Meroüee, qui auoit ietté le froc
aux orties , & s'estoit retité vers Brunehaut , est contraint de fuir en Austrasie: d'où ay ât esté chassé, est mis
à mort, & Pretextatus confiné en exil perpetuel. Apres
Chilperic contraignit Vvaroch Comte de la petite
Bretaigne de se rendre son vassal, l'an cinq cens quatre
vings quatre. D'autre part Childebert qui s'efforçoit
de retirer la ville de Marseille , que Gontran luy dete-
noit, fit paix auec son oncle Chilperic , lequel de son
costé se ietta auec son armee dedans la Guyenne , &
print Lymosin, Perigueux & Agenois , & comme il
vouloit poursuyure sa fortune sur Bourges , fut arresté par l'armee de Gontran , auec lequel il fit paix.
Quelque temps apres Chilperic ayant apperçeu les fol-
les amours de sa femme Fredegonde, auec Landry Maire de son palais, pour luy oster le moyen de s'en ressen-
tir, le firent sur le soir massacrer, comme il reuenoit de
la chasse, au mois de Septembre estant en la vingt troisiesme annee de son regne , luy restant vn fils nommé
Clotaire aagé de quatre mois. Pendant la fille de Chilperic , qui estoit en chemin pour aller espouser le second fils du Roy des Vvisigots , fut renuoyee & deua-
lisees de ses meubles bagues & ioyaux , l'an cinq cens
quatre vings. Il gist à S. Germain des Prez.

Hardy i'attends le coup que ie preuois venir,
Faut supporter le mal qu'on ne peut preuenir.

De Clotaire, dixiesme Roy de France.

CLOTAIRE, deuxiéme du nom, aagé de quatre mois, l'an cinq cens octante six, succeda à son pere, sous la tutelle de Gontran son oncle: lequel confirma Landry Maire du Palais & la constitua son Lieutenant au Royaume, & retint pour soy Paris, auec ce qui auoit esté des dependances du feu Roy Cherebert. Gontran deceda en la trente troisiéme annee de son regne, l'an 595. Ayant auparauant institué son heritier par testament Childebert Roy d'Austrasie, son nepueu : lequel perdit la bataille pres Soissons contre Fredegonde,

pour la tutelle de son cousin Clotaire : comme aussi
quatre ans, ou enuiron apres, Childebert estant decedé,
Brunechilde, qui auoit la tutelle de Theodebert , &
Theodoric ses petits fils , perdit la bataille contre elle
pres Muret. Fredegonde en fin decedee, les deux Roys
d'Austrasie & d'Orleans se ressentans des atteintes de
Clotaire, le combattent pres Sens & Estampes , & ne
luy laissent que douze Comtez de tout son Royaume,
Theodoric entre victorieux dans Paris. Depuis Theodoric auant que guerroyer son frere, accorde auec Clotaire de luy donner la Duché de Denthelin , & autres terres acquises sur luy, s'il se vouloit tenir neutre.
Iceluy entendant le decez de Theodebert occis pres
Colongne, en la dixseptiesme annee de son regne , se
met dans le pays promis. Theodoric luy voulant faire
quitter ce morceau, est empoisonné par Brunechilde.
Clotaire demeurant paisible de toute la Monarchie
Françoise, fit mourir les enfans de Theodoric, for Merouee, qui estoit son filleul. Puis fit receuoir le chasti-
ment à Brunechilde de ses demerites: & institua son fils
Dagobert Roy d'Austrasie; à l'encontre duquel il s'ir-
rita pour la mort de Rodoald : mais il r'entra en grace
par le mariage de Comertude, sœur de la derniere femme de son pere. Clotaire ayant pris vengeance des Saxons, qui auoyent desfait & blessé Dagobert faisant
ronger tous ceux qui excedoient la grandeur de son es-
pee, deceda l'an quarante cinq de son aage , & de son
regne trente sept, l'an six cens trente deux , laissant
Dagobert de sa premiere femme, & Aribert de sa seconde.

Apoſtre des François, las ! ſans toy i'euſſe appris.
Comment ſe doit punir d'vn maiſtre le meſpris.

De Dagobert, vnzieſme Roy de France.

DAGOBERT, eſtant paruenu à la Couronne l'an ſix cens trente deux, nonobſtant les menees de Brunulphe, oncle & Gouuerneur de la ieuneſſe d'Aribert, il luy aſſigna le pays d'Aquitaine & de Guyenne pour ſon appanage, auquel il donna le nom de Royaume, & le borna de la riuiere de Loyre, & des monts Pyrenees. Puis s'adonna à policer ſon Royaume, adminiſtrant iuſtice à vn chacun. Eſtant paruenu en la neufiéme annee de ſon regne, qui eſtoit la troiſieſme apres le treſpas de ſon pere, il s'emancipa tellement en vices

& voluptez , qu'il commença à estre diffamé des siens,
encores qu'il se monstrast deuotieux enuers le temple
de l'Abbaye sainct Denis qu'il fit edifier, & l'enrichit
des dépouilles des autres Eglises.   Pendant ce, le Roy
Aribert deceda en la septiéme annee de son regne, laissant vn fils nommé Chilperic, qui le suruesquit de bien
peu de iours: de la mort duquel Dagobert fut soupçonné, il mit incontinent le Royaume d'Aquitaine à la Monarchie Françoise: & demembra la Duché d'Allemagne en plusieurs parties, selon Munster : il remit aux
Saxons le tribut de cinq cens vaches qu'ils payoyent
par an aux Austrasiens , à la charge de chasser les Sclauons des limites des François. Apres ce , il fit couronner son fils Sigisbert Roy d'Austrasie, mais pource que
en la douziéme annee de son regne , Clouis ou Louys
luy nasquit de sa femme Nantilde , il confirma le Royaume d'Austrasie à Sigisbert, & designa la partie Occidentale de son Royaume , nommé Neutrie, accompagnee de la Bourgongne à Clouis. En ce temps Radulphe, Duc & Gouuerneur de la Turingerie pour le Roy
Dagobert, se voulut esleuer pour ses victoires contre
Ansigise Maire du Palais d'Austrasie , s'en faire Roy,
mais ce fut en vain. Puis Dagobert alla combattre les
Gascons rebellez , & en voulant faire autant de ceux
de la petite Bretaigne, Iudicaël luy vint faire hommage de son Royaume. Il deceda à Espinay d'vn flux de
ventre le dix-neuf ou selon les autres le vingt-neuf
Iannier six cens quarante sept, seize ans apres le decez
de son pere. Il gist à sainct Denis. Auec ce Roy mourut
la splendeur des Roys de France, & nasquit la puissance des Maires du Palais.

Volant aux temples d'or leur couuerture belle,
Couurez les temples vifs contre la faim cruelle.

De Clouis deuxiesme du nom, douziesme Roy de France.

CLovis, ou Louys, encores qu'il fust puisné de Sigisbert, qu'aucuns tiennent auoir e-
sté nay d'vne concubine, entra en possession
des Royaumes de France & de Bourgongne,
sous le gouuernement de la Royne Nantilde sa mere,
& du Prince Æga Maire du Palais , lequel deceda
tost apres : auquel fut substitué Ercembaut, parent
de feu Dagobert de par sa mere. Pendant Pepin,
Maire du palais d'Austrasie deceda , au lieu duquel
Grimoald son fils voulut entrer. Mais s'en voyant empesché par vn Otto qui auoit eu le gouuernement de

Sigebert en son bas aage , luy suscita vne querelle par
Lauthere Duc d'Allemagne qui le tua. Puis entrant en
la dignité de Maire , donna sa sœur Begga au Duc Ansigise, fils de sainct Arnoul, de laquelle il eut Pepin Heristel.   Nantilde deceda l'an six cens, cinquante & vn,
comme aussi fit Flaucate son fauorit (François de nation) Connestable de Bourgongne & Vvilebald Gouuerneur de la Bourgongne transf-iurane : à raison dequoy Ercembaut gouuerna seul le Royaume , iusques à
ce que le Roy fut en aage.   Puis en l'an six cens cinquante sept, Sigebert se persuadant qu'il n'auroit point
d'enfans , adopte pour son fils Childebert fils de Grimoald, Maire de son Palais.   Mais depuis voyant que
Dagobert luy estoit né, luy laissa à son decez son Royaume, sous la charge de Grimoald : lequel fit porter le
petit Dagobert en Escosse par Dado Euesque de Poictiers, pour le rendre Moyne , & fit couronner son fils
Childebert Roy d'Austrasie. Ce qui meut le Roy Clouis accompagné de son Maire Ercembaut, de luy liurer
bataille: en laquelle il furent tous deux pris & menez à
Paris, où il moururent. A raison dequoy Clouis institua Childeric second de ses enfans , Roy d'Austrasie,
& luy donna Vvalfroy pour Maire du Palais. Apres ce,
la famine estant grande , Clouis fit oster l'argent qui
estoit sur l'Eglise S. Denis, & le donna aux pauures : &
en recompense exempta ladite Abbaye de la subiection
de l'Euesque de Paris. Il deceda l'an six cens soixante
cinq en la ving vniéme annee de son aage , ou en la
vingt troisiéme selon les autres, Il gist à S. Denis.

Regis ocium, serui negotium.

Au Roy le bon temps, la peine aux subiects.

Seulement pour dormir les puissants Roys sont faits,
Les subiects seulement pour porter tout le faix.

De Clotaire III. du nom, XIII. Roy de France.

CLOTAIRE, aisné des fils de Clouis succeda à la couronne de son pere , l'an six cens
soixante six , (estans ses freres Childeric ou
Childebert & Theodoric en fort bas aage.) Clotaire
laissa gouuerner ses affaires par sa mere Bathilde , &
par son Maire du Palais Ercembaut , & selon les autres
Ereich , qu'aucuns estiment auoir esté aussi appellé
Duc de France, & puis apres le trespas d'iceluy receut
en son lieu vn Ebroin (ou selon les Allemans Eberuuin) natif de Germanie, homme cruel, selon & malicieux, qui luy fut donné par les François. Il a esté

le premier, qui abusant de l imbecil té de l'aage de son
maistre, esleua la puissance & authorité de sa dignité au
plus haut où elle eust point encores esté, en rauallant
aussi d'autant la grandeur & Maiesté des Roys: Tellement qu'ils ne peurent depuis si bien faire, que toutes
leurs affaires d'importances ne passassent sous le bon
plaisir de leurs Maires, demeurát par deuers eux le vray
effet de toute la Principauté: administrans mesmement
& controllans la despence des Roys ainsi que bon leur
sembloit: faisans aussi la guerre, la paix, les alliances,
les ordonnances & coustumes du Royaume à leur dis-
cretion. Quelque Chroniques disent, que les Roys viuans en oysiueté, se monstroyent seulement en public
vne fois l'annee, le premier iour de May, en vne assemblee generale qu'ils tenoyent tous les ans pour les affaires publiques du Royaume, en vn lieu qu'on appelloit le camp de Mars, qu'ils estoient portez sur vn chariot, mené par quatre bœufs, assistez de la pluspart des
Barons, donnant responces tant aux plaintes de leurs
subiets, qu'aux Ambassadeurs des Princes estrangers:
le tout selon les memoires que sous mains il receuoyent
de leurs Maires. Ce Clotaire fut surprins d'vne fiéure,
dont ils mourut, ayant regné quatre ans, sans laisser aucuns enfans, l'an six cens soixante & dix. Theodoric
print le gouuernement du Royaume, se conduisant si
mal auec Ebroin Maire du Palais, que ses subiets le
chasserent, & le firent Moine à sainct Denis en France,
& Ebroin à Luxeul en la Franche Comté. Clotaire gist
à Sainct Denis en France.

Que me chaut de mourir apres auoir monté,
Soit à droit, soit à tort, au droit de ROYAUTÉ.

De Childeric II. du nom, quatorziesme Roy de France.

HILDERIC, Roy d'Austrasie, & frere de Clotaire, estant appellé au Royaume par les François, print pour son Maire Vlfoalde, ou Voltande : mais ils se trouuerent aussi tost trompez de luy qu'ils auoyent esté de Theodoric & d'Ebroin, qu'ils auoyent confinez en Monasteres. Car Childeric qui estoit d'esprit leger, & meurs dissoluës, confina (tesmoins Sigebert) Leger Euesque d'Authun personnage de saincte vie, au monastere de Luxeul. Toutesfois le supplement d Idatius afferme, qu'il fut en si grand credit sous luy , qu'il estoit comme Maire du palais. Il

fit aussi donner les estriuieres, sans aucune raison à vn
Gentil-homme de Franconie, nommé Bodille : dont il
excita vn tel scandale contre luy , que la plufpart des
plus grands Seigneurs de son Royaume se rebellerent
contre luy, à l'exemple d'Ingolbert, ou Vvigobert, &
Amalbert : donnans occafion à Bodille de tellement
apprehender les moyens de venger l'iniure qui luy a-
uoit esté faite, qui l'espia vn iour qu'il retournoit de la
chasse, où il le fit massacrer , à l'aide de ses complices:
lesquels aussi ne firent non plus de grace à sa femme
Blitilde, quoy qu'elle fut enceinte. Qui fut cause que
Vlfoade s'enfuit en Austrasie , & que les Seigneurs de
France prindrent au lieu de luy, pour Maire de leur Palais, par le conseil de Leger Euesque d'Authun, Leudesie, ou Leudesil, fils de feu Ercembaut. Lequel comme
semblent vouloir signifier Aimoynus & Ado , tirant
Theodoric, ou Thierry, du monastere, le remit au siege
Royal. Childeric & sa femme Blitilde son enterrez
en l'Eglise de S. Germain des Prez lez Paris , l'an de nostre salut six cens soixante & seize , & sept ans apres
que du consentement des François, il fut appellé d'Austrasie pour regner en France. Il ne laissa aucuns enfans, Sigebert & Paul Æmile, ont voulu desguiser l'hi-
stoire, estimans que Childeric a regné depuis Clotaire
donze ans, & Theodoric dixsept ans apres luy: mais les
autres tiennent, que le regne de Theodoric en a duré
dixneuf , sous lequel aussi ils comprennent le temps
qu'il fut Moyne, estant Childeric estably en son lieu.

Mon frere m'a tondu, la mort l'a mis en cendre,
Me releuant ainsi, elle l'a fait descendre.

De Theodoric, quinZiesme Roy de France.

THEODORIC, ou Thierry, second du
nom, ayant esté tiré du Monastere par
Ebroin, lequel pendant que les choses
estoyent en confusion par la mort de Childeric, alla charger Leudesie, sur lequel il
gaigna les finances du Roy. Puis en le poursuiuant, le
fit contre la foy mettre à mort, & se faisant reintegrer
en la dignité qu'on luy auoit ostee, poursuiuit ceux qui
luy auoyent esté contraires, rendant la France toute
sanglante de meurtres : de sorte qu'il fit mourir Leger
Euesque d'Authun, auec son frere Guerin. Pendant les

Auſtraſiens ſubſtituerent à Vlſoalde Maire du Palais
d'Auſtraſie, Pepin ſurnommé Heriſtel , & luy donnerent pour coadiuteur Martin ſon couſin germain fils de
Coldulſe, ſecond fils de ſaint Arnoul. Dequoy Ebroin
auerty, leur alla donner la bataille en vn lieu nommé
Locoſic, où Pepin fut contraint ſe ſauuer en Auſtraſie,
& Martin à Laon: d'où Ebroin le tira ſous ſa foy , & le
fit mourir. Incontinent apres Hemenfroy tua Ebroin,
& ſe ſauua vers Pepin. Au moyen dequoy Theodoric,
print pour ſon Maire du Palais , vn nommé Vvaraton,
homme auiſé, lequel ayant eſté ſupplanté par ſon fils
Giſlemare qui mourut toſt apres , rentra en ſon eſtat:
toutesfois il ne le garda gueres , ains mourant le laiſſa
entre les mains de Bretaire, qui ſe rendit ſi mal agreable
aux Seigneurs de France, qu'ils s'alienerent de luy , &
allerent (ſignamment vn Andramne & Reole) prendre
intelligence auec Pepin, qu'ils inciterent à recommen-
cer la guerre au Roy Theodoric & à Bertaire , lequel
fut desfait pres Texieres en Vermandois: & fut ledict
Bertaire mis à mort par aucuns de ſa ſuitte. Au moyen
dequoy Theodoric faiſant paix auec Pepin , luy mit le
gouuernement de ſon Palais en main , comme il auoit
ià celuy d'Auſtraſie. Pepin donc voulant aller donner
ordre aux affaires d'Auſtraſie , inſtitua Norbert ſon
Lieutenant en ſon abſence en France. Puis il fit Drogon ſon fils aiſné, Duc de Champagne, Pepin commença à gouuerner en France , l'an ſix cens octante ſept.
Theodoric deceda l'an ſix cens octante huict, ayant regné dix-neuf ans, laiſſant Clouis, Clotaire, & Childebert.

Si ie suis sans valeur, pourquoy me blasme-tu?
Le sceptre orne les Roys; quel besoin de vertu?

De Clouis III. du nom, se ziéme Roy de France.

CLOVIS, fils aisné de Theodoric, commença a regner sur les François estant en fort bas aage, l'an 689. ayant pour Maire du Palais Pepin, surnommé Heristel, fils d'Ansigise, ou Anchise, sous lequel la France, qui sembloit estre diuisee & departie, se rassembla en vn ancien corps, & commença de recouurer son premier lustre & honneur, qu'elle auoit quasi perdu par les diuisions & dissentions precedentes. Lesquelles aussi auoyent donné occasion aux Aquitains & Gascons de se renger à part sous le gouuernement d'vn propre

Prince, qu'ils appelloyent Duc. Occasion pourquoy
Roderic de Tolette faict mention d'vn qu'il appelle
Loup, qui estoit en ce temps. Clouis regna selon le
continuateur de Gregoire, Ado, & Sigebert, quatre ans
seulement, encores qu'Aimoynus par la faute des escri-
uains n'en disent que deux. Et semble que ce fut sous
luy, que les Saxons & Sueuiens, qui à l'occasion des
guerres precedentes s'estoyent par succession de temps
distraits de la subiection & obeissance des François,
furent sommez par Pepin de reuenir en leur deuoir. Et
pource qu'ils luy firent cognoistre, qu'il ne les y pourroit faire retourner que par force, il passa le Rhein auec
vne armee contre eux, par laquelle il leur donna de si
lourdes algarades, qu'il furent en fin rangez, & contraints de venir au poinct qu'il vouloit. Au moyen dequoy la France demeura quelque temps en paix, recouurant petit a petit son authorité & renommee enuers
les nations estrãgeres. Dont Clouis n'eust loisir d'auoir
vn long contentement, pource qu'il deceda encore
fort ieune, comme dit est, laissant la succession à son
frere Childebert, l'an six cens quatre vingt & douze.
Il ne se trouue rien entre les autheurs du lieu où il deceda, ne où il fut enterré.

De Childebert

Que sont les Rois François? les Maires du Palais,
Ainsi maistres souuent deuiennet les valets.

De Childebert, I I. du nom, X V I I. Roy de France.

CHILDEBERT succeda à Clouis son
frere, & regna selon tous nos autheurs, dix-
sept, ou dix-huict ans, excepté Ado, qui n'en
dit que treize. Cependant il semble que ce
fut sous luy, que Pepin fit guerre à Ratbod Duc de Frize, qui estoit encore Payen & idolatre : De sorte que
l'ayant vaincu en bataille, ne voulut autrement faire
paix auec luy, qu'il ne permist qu'vn Moyne nommé
Vvilebrot, des autres Clement, homme de sçauoir &
bonne vie allast instruire les Frizous en la Religion
Chrestienne : laquelle fut par ce moyen receuë de la

pluspart du peuple, mais les principaux demeurerent en
leur ancienne erreur auec leur Prince. Or encores que
Pepin ait esté accomply de beaucoup de bonnes parties, si est-ce que contre les loix de mariage , fut tellement addonné à l'amour volage d'vne Damoiselle
nommee Alpaide , qu'il en mesprisoit entierement sa
femme Plectrude. A cause dequoy Lambert Euesque
d'Vtrech, où du Liege selon d'autres, homme de saincte
vie, se voulut mesler de luy remonstrer son peché, quoy
qu'il eust auparauant esté remis par luy en son Euesché,
duquel il auoit esté dechassé par Ebroin. Dont Alpaide
fut tellement irritee , qu'elle incita son frere Dodon à
le mettre à mort. Mais il receut auec ses complices le
salaire d'vn si mal-heureux acte.   Pepin d'autre costé,
voyant que Nobert son Lieutenant en la grande Mairie
de France estoit decedé , sustitua son second fils Grimoald en la charge d'iceluy, & luy fit prendre Theude-
sinde, fille de Ratbod Duc de Frize, en mariage. Enuiron cinq ans apres Drogon fils de Pepin , Duc de la
Champagne, mourut, tesmoin Ado, l'an sept cens huict
de nostre salut , mais selon Sigebert six cens quatre
vings dix-neuf , les estats duquel furent baillez par
Pepin à son fils Thibaud. Apres ce voyant que les Sueuiens s'estoyent rebellez contre Childebert , sous la
conduite d'vn Villarius, ou Viliarus enuoya contre eux
Anepos Euesque auec grosse armee , lequel les desconfit , selon Ado Childebert deceda l'an sept cens dix,
ayant regné dix-sept ans, laissant Dagobert, ou Clouis,
selon Sigebert, & Daniel.

Quies inquies.   Repos sans repos.

Nous inuoquons la paix, nostre vnique desir.
Pourquoy donq' à tous coups Mars no⁹ vient-il saisir?

De Dagobert, II. du nom, XVIII. Roy de France.

AGOBERT, fils aisné de Childebert, commença à regner l'an sept cens dix , selon le continuateur de Gregoire, Tritemius , & Auentin, & non comme Sigebert à voulu, l'an sept cens seize. Il ne se lit point , que sous lui se soit fait ny aduenuë chose au nom de luy par Pepin, ny par autre . qui ait rendu la memoire de son regne recommandable à la posterité , sinon le trespas de Grimoald , Maire du Palais de France , qui fut l'an sept cens quatorze au mois d'Auril , miserablement mis à mort par vn soldat Frizon , dedans le

temple de Sainct Lambert de la ville du Liege , où il
estoit allé visiter le Prince Pepin son pere , gisant lors
au lict de la maladie, de laquelle il deceda l'annee mesme, au milieu du mois de Decembre , ayant exercé les
deux Mairies auec grand honneur , l'espace de vingt-
sept ans & demy , apres auoir subrogé Theudoal ou
Thibaut en la dignité de Maire du Palais de France à
Grimoald son fils. Il resigna la Mairie d'Austrasie à vn
sien fils naturel nommé Charles (qui luy estoit demeuré de sa concubine Alpaide, ou Alhaide) recognoissant
ià en luy les signes d'vne generosité grande , qui le ren-
doit capable d'vne telle charge, quoy qu'il fut encores
fort ieune. Ce qui donna moyen & occasion à Plectrude, femme legitime de Pepin, de le faire cauteleusement
apprehender & emprisonner en la ville de Colongne,
tant pour la ialousie nouercale, qu'elle luy portoit , que
pour auoir moyen aussi de faire tõber l'Estat d'Austrasie auec celuy de France , entre les mains de son petit
fils Theudoald , s'asseurant bien que le maniement des
affaires luy demeureroit sous le nom d'iceluy. Mais les
François ne se pouuans accommoder au gouuernement
d'vne femme , se faschans aussi que leur Mairie se faisoit hereditaire, qui auparauant auoit despendu de leur
election, se souleuerent contre Theudoald , lequel ils
contraignirent de s'enfuir, en vne rencontre qu'ils eurent contre ceux qui le vouloyent deffendre , en la forest Cocie. Puis ils eleuerent vn Rhainfroy, pour estre
Maire.   En ce mesme temps l'an sept cens quatorze
mourut Dagobert, ayant regné cinq ans.

Traistre destin pourquoy me fais-tu Roy,
Pour m'asseruir à vne moindre loy?

De Clotaire, quatriesme du nom, dix-neusiesme
Roy de France.

CLOTAIRE quatriesme de ce nom, fils de
Theodoric ou Thierry, qui auoit esté le
quinziesme Roy de France, estoit frere des
Roys Clouis 3. & Childebert 2. & oncle de
Dagobert 2. & fut fait Roy par les menees de Charles
Martel apres le decez de Dagobert. Car voyant que
les François ou parties d'iceux auoyent constitué Roy
vn Daniel, qui estoit de la race Royale, qu'ils tirerent
d'vn Monastere, & le nommerent Chilperic deuxiesme

il se rendit maistre de la France à force d'armes les ayāt
combatus valeureusement , & desconfit leur armee,
comme il sera dit cy apres , & deslors Charles Martel
se fust fait Roy volontiers:mais sçachant que les François qui ne pouuoient viure sans Roy, & ne vouloient
qu'autre eussent ce tiltre que ceux qui estoient issus
du sang Royal ne l'eussent pas souffert , par ce qu'il
n'estoit pas de la lignee des Roys , & craignant qu'il
ne le laissassent , & se ioignissent auec Chilperic qui
s'estoit retiré auec Eude Duc d'Aquitaine, il fit couró-
ner Roy ledit Clotaire comme plus proche du sang , nō
qu'il l'estimast digne du Royaume , ains pour couurir
son authorité par ce beau pretexte , & pour transferer
peu à peu la couronne de France à ses enfans , comme
en fin il aduint. Car sous le nom de Clotaire, Charles
Martel exerça sa puissance & l'acreut si bien de iour en
iour,que par ce moyen il dressa à Pepin son fils l'eschel-
le par laquelle il monta puis apres à la Royauté. Ainsi
Clotaire quatriesme fut Roy imaginaire , ou titulaire,
lequel ne fit chose aucune digne de memoire,parce qu'il
ne regna que deux ans ou peu plus,& que durant son regne la France estoit en grandes diuisions , à l'occasion
de ceux qui pretendoient le gouuernement de la Mairie
du Palais , aussi que Charles Martel eut de son temps
l'entier gouuernement du Royaume , & le commandement par tout, de sorte qu'il se faisoit appeller Prince des François , grand maistre & gouuerneur de France:& Clotaire n'auoit que le nom de Roy, qui est cause que Paul Æmile,& autres historiens ne l'ont mis au
nombre des Roys de France. Ledit Clotaire deceda
enuiron l'an sept cens dix-neuf, & est enterré à Nancy.

A vous enfans des Roys appartient la couronne,
Si la Royale manque, vn cloistre l'a vous donne.

De Daniel, dit depuis Chilperic, vingtiesme
Roy de France.

ANIEL, qu'aucuns disent auoir esté fils
de Childebert, & frere de Dagobert : les
autres qu'il estoit seulement de la lignee
Royale fut tiré du Monastere pour estre
Roy, & luy fut changé son premier nom
en Chilperic, l'an sept cens quinze. Au commencement
de son regne il entra en confederation auec Ratbod,
Duc de Frize. Cependant Charles surnommé Martel,
eschapa les prisons de sa marastre Plectrude: & comme
il s'efforçoit à recouurer son droit, auant qu'il peust

rien faire, fut rompu & diſſippé pres la Meuſe par Ratbod, auant que Rainfroy & Chilperic le peuſſent aller
charger. Toutesfois depuis en l'an ſept cens ſeize,
comme les François ſe retiroyent auec vne groſſe ſom-
me de deniers des enuirons de Colongne, que Plectrude leur auoit baillé, Charles Martel les vint charger
pres Albis ſi à poinct, qu'il leur fit perdre leur bagage.
Au moyen dequoy prenant courage pour ce premier
bon-heur, il deffit Rainfroy & le Roy Chilperic, enuiron l'an ſept cens dix-ſept le 21. de Mars, pres Vinciat,
qui le venoyent cercher en intention d'auoir leur reuanche. Par ceſte victoire donc Charles s'eſtimant aſ-
ſeuré du coſté de France, voulant reduire le reſte du
Royaume d'Auſtraſie, entra par force dedans Colongne, & contraignit Plectrude de luy rendre les thre-
ſors de ſon pere. Et pour faire mieux valoir ſa cauſe, mit
en auant vn (qu'on eſtime auoir eſté oncle du dernier
Roy Dagobert: nommé Clotaire ou Lothaire) luy faiſant prendre le tiltre & nom de Roy, puis s'en alla auec
luy cercher Chilperic & Rainfroy, qui par le moyen
du Duc Eude d'Aquitaine, ou de Gaſcongne, s'eſtoyent
remontez de forces, leſquels il desfit en Champagne:
de ſorte que Chilperic ſe retira à ſauueté auec ſes thre-
ſors vers Eude. L'an enuiron ſept cens dix-neuf, Clotaire Roy titulaire de France deceda, à cauſe dequoy
Charles Martel enuoya demander Chilperic à Eude
qui le luy renuoya: lequel il recognut deſlors pour
Roy, & deuint amy d'Eude. Chilperic deceda auſſi vn
an apres, l'an ſept cens vingt, ayant regné cinq ans &
demy, giſt à Noyon.

Le sort nous iette au monde, vn cloiſtre nous reçoit:
Et puis en fin vn throſne, ainſi tout nous deçoit.

De Theodoric, ou Thierry, XXI. Roy de France.

THEODORIC, fut par Charles Martel ſubſtitué a Chilperic l'an ſept cens vingt &
regna en maſque comme les autres, l'eſpace dix-huiĉt. ou dix neuf ans l'an ſept cens
vingt & vn, Charles Martel laiſſa l'Anjou à
Rainfroy pour luy faire renôcer à la dignité de Maire,
puis alla chaſtier les Saxons qui s'eſtoient rebellez: auquel temps Ratbod Duc de Frize deceda l'an ſept cens
vingt ſept. Il fit obliger les Allemans enuers les Frã-
çois d'vne plus eſtroite ſeruitude qu'ils n'eſtoient auparauant. Puis ayant contraint la Princeſſe Plectrude,

d'entrer en apoinctement, marcha en Aquitaine, contre
Eude: où en chemin se fit nommer en vn Parlement general , Princes des François : puis alla rauager la Gaf-
congne. Dont Eude, plus irrité, que vaincu , alla fufci-
ter les Sarrazins d'Efpagne , par le moyen de Muguoce
Seigneur de Lerdane fon gendre leur vaffal : lefquels
Charles Martel arrefta deuant Tours, & les desfit à l'aide dudict Eudes , qui fut contraint prendre fon party,
pour les infolences que lefdits Sarrazins firent à leur
defcente en fon pays En cefte iournee il acquift le fur-
nom de Mattel , pour le martelis qu'il fit des ennemis.
Au fortir de cefte guerre , alla chaftier la rebellion des
Bourguignons & Prouencaux. Puis fçachant qu'Eude
eftoit decedé, reduifit la Guyenne & Aquitaine en fon
obeïffance , en depoffedant Gaifer & Vvalde enfans
dudit Eude : lefquels fe retirans en la Gottie & Septimanie, dite Languedoc , recouurerent à l'aide de ceux
du pays, dits Vvifigots, vne partie de la Guyenne, pendant que Martel combattoit contre Pepin , fils de Ratbod, lequel il desfit & contraignit les Frizons prendre
la loy de Iefus Chrift. Puis ayant renuoyé fon oncle
Childebrand contre les Vvifigots & Sarrazins, qui tenoyent Auignon, alla r'affeurer la Bourgongne , qui fe
vouloit esbranler : & à l'aide de Luitprand Roy des
Lombards, alla chaffer Athin de Narbonne, & de toute la Septimanie & de Prouence , lefquelles il reduit
fous l'Empire des François , & ofta la Comté de Marfeille au Comte Maurice, qui auoit liuré Auignon aux
Sarrazins Theodoric deceda enuiron l'an fept cens
quarante.

En vain nous combattons contre le sort mutin,
Nostre throsne sera de nos Maires butin.

De Childeric, III. du nom, vingt-deuxiesme
Roy de France.

CHILDERIC, succeda à son frere Theodoric, l'an sept cens quarante. Il fut le dernier Roy de la race des Meroüees. Charles Martel deceda à Paris le vingt deuxiesme Octobre, l'an sept cens cinquante & vn, laissant Carloman, & Pepin surnommé le Bref, Gilles Archeuesque de Roüen (& Griffon, qui estoit d'vne autre mere) Carloman & Pepin retirent toute la succession de leur pere à eux, & s'intitulerent Ducs & Princes des François. Ils firent venir à raison vn nommé Hunaud, qui se faiſoit ſeigneur proprietaire de l'Aquitaine. Pendãt ce Griffon s'enpara de Laon , pour delà repeter ſon droit:d'où il fut tiré , & mis en priſon aux Ardennes. Puis Carloman ayant contraint les Allemans (qui s'eſtoyent remuez) d'obeyr à ſes commandemens , en l'an ſept cens quarante & trois,alla auec ſon frere combattre Odilon,ou Vtilon,Duc de Bauiere, qui s'eſtoit rebellé,& auoit rauy & prins en mariage leur ſœur : lequel ayant fait changer le nom de Roy au Duc , luy laiſſerent leur ſœur pour femme. Au partir de Bauiere, en l'an ſept cens quarante & quatre,ils allerent contre les Saxons,leſquels ils contraignirent reprendre le ioug acconſtumé,en baillant leur Duc Theodoric pour oſtage,lequel fut incontinent renuoyé ſur ſa foy,mais l'an enſuiuant il fut derechef pris pour ce qu il les auoit encores vne fois fait renolter contre les François. L'an 746. Carloman ſe rendit Moyne au mont Soracte en la Toſcane, & depuis au mont Ceſſin. Parquoy Pepin reduit toute la Monarchie de Frãce ſous ſa main. Puis il pourſuit ſon frere Griffon , qui s'eſtoit retiré en Saxe , & de là en Bauiere d'où Pepin l'ayant deſniché,l'emmena en France,& luy donna la Duché d'Andely en Normandie. Apres ce Pepin affectant de ioindre en ſoy le nom auec l'authorité Royale , pratiqua le Pape Zacharie par Bouchard Eueſque de Vvirsbourg, & par Volard Preſtre ſon domeſtique de façon que les Eſtats de France aſſemblez à Soiſſons , ſuyuant la declaration du Pape Zacharie, degraderent Childeric & ſa femme Giſale, & les enuoyerent faire profeſſion de la vie Monaſtique au pays de Bauiere , l'an ſept cens cinquante deux. Ainſi fut la race Merouingienne ſpoliee de ſon honneur,deux cens quatre vings treize ans apres le treſpas de Merouee.

Dieu source de tous biens nostre assistence appelle.
Pour nous donner le sceptre & la voûte eternelle.

De Pepin le Bref, vingt-troisiesme Roy de France.

PEPIN, fils de Charles Martel, fut couronné Roy de France, au commencement de l'an sept cens cinquante deux, par Boniface Archeuesque de Mayence. Les Saxons se rebellerent l'annee d'apres, mais Pepin leur fit sentir lourdement leur faute. L'an sept cens cinquante quatre, Pepin ayant esté sacré & couronné derechef en l'Eglise sainct Denis par le Pape Estienne, successeur de Zacharie, qui luy estoit venu demander secours contre Astulphe Roy des Lombards, passa les Alpes, & mit par deux fois le Roy

Lombard en telle extremité, qu'il fut contraint laisser
au Pape les Iustice S. Pierre, la Seigneurie de Rauenne,
& tout ce qu'il demanda en la Romagne: dequoy l'Empereur de Constantinople, à qui appartenoient lesdites
terres ne fut pas content. L'an sept cens trente neuf,
Pepin desfit les Saxons rebelles, & les fit obliger de
payer tous les ans à chacun Parlement general de France, trois cens cheuaux de seruice par forme de tribut.
De là Pepin alla contre Vvaifer Duc & gouuerneur
d'Aquitaine, & le fit venir à composition qui toutesfois ne sortit point d'effect, iusques à ce qu'il l'eut desfait en plusieurs bataille, & prit la plus part de ses villes.
Ce que voyant Vvaifer, mesme la prinse de sa mere,
sœurs & niepces dans Xainctes, fut contraint de mettre le reste de sa fortune au hazard d'vne bataille pres
Perigord, où il perdit auec la victoire, sa vie, & sa principauté ensemble. Ainsi l'Aquitaine receut vn Gouuerneur (lequel en ce temps s'appelloit Duc) de la main
du Roy, & fut reunie à la Couronne de France. Pepin
ramenant son armee fut arresté d'vne maladie à Tours,
de laquelle il mourut le 24. Septembre, en la cinquante
quatriéme annee de son aage, l'an sept cens soixante
huict, laissant de sa femme Berthe, Charles & Carloman, ausquels par partage qu'ils firent, la France Oc-
cidentalle, ensemble la Bourgongne & l'Aquitaine,
aduint à Charles, qui establit son siege à Noyon, & à
Carloman l'Orientale, sous laquelle les Prouinces
d'outre le Rhein estoyent comprinses, & prit son siege
à Soissons.

De Charles Martel Duc & Prince des François.

HARLES Martel est mis icy entre les Roys de France, non que de son viuant il ayt prins ce tiltre & nom de Roy, mais parce qu'à la verité il regna par la France depuis qu'il fut eschappé des prisons de Plectrude sa marastre iusques a son decez, s'estant faict creer en vne assemblee de trois Estats du Royaume, Prince & Duc des François, non plus hautain & plus illustre que celuy de Maire du Palais, duquel ses predecesseurs s'estoient contentez, & les Roys qui regnerent de son temps, n'en eurent que le tiltre & seul nom sans aucune puissance ainsi qu'il a esté dit cy deuant, & mesmes apres son decez ses successeurs le qualifierent Roy, comme il se voit sur son tombeau en l'Eglise Sainct Denis en France, où sa statuë est

Couronnee & vestuë a la Royale, & est escrit autour d'icelle
en termes Latins, CHARLES MARTEL ROY, & a bon
droit peut-il estre appellé Roy veu que nul n'a esté Roy de
son temps, que celuy qu'il a voulu, & a ce propos Ronsard en
la Franciade parlant de luy, dit:

> *C'est ce Martel le Prince des François,*
> *Non Roy de nom, mais le maistre des Roys.*

Son pere estoit Pepin Heristel son ayeul Ansigise, & son bi-
sayeul Sainct Arnoul, qui estât veuf fut fait Euesque de Mets,
lequel S. Arnoul, estoit dessendu directemêt & en ligne Masculine de Clodion fils de Pharamôd premier Roy de Frâce.
Ce Charles fut si vaillant & genereux qu'il acquit le surnom de Martel par la memorable victoire qu'il obtint contre les Sarrazins prés la ville de Tours, desquels il demeura
sur la place iusques au nombre de trois cens soixante &
quinze mil. Il reduisit totallement le pays de Languedoc, que
on appelloit Septimanie, sous l'Empire des François, qui s'é
estoit iusques alors garanty. Il estoit fort zelé a la defence de
la Religion Chrestienne & mesme la ville de Rome estant
fort estroictement assiegee par Luirprand Roy des Lôbards,
& reduite en grandes extremité, le Pape Gregoire (qui e-
stoit lors)enuoya par vn Euesque nommé Anastasius, accompagné d'vn Prestre nommé Sergius les clefs du Sepulchre &
des liens, de S. Pierre au Prince Martel qui estoit lui faire entendre qu'il mettoit, luy, l'Eglise & la cité de Rome en sa
protection & sauuegarde. A cause dequoy il depescha ambassades vers les Lombards pour les prier de laisser en sa faueur les Romains en paix. Ce qui fut de telle efficace, que
dessors les Papes eurent tousiours de puis refuge & recours
en leurs affaires & fascheries aux Princes & Roys de France, desquels aussi le secours ne leur manqua. En fin estant les
Gots vaincus, les Saxons & Frizons subiuguez, le Languedoc
conquesté, & la Prouêce regaignee, & la Frâce iouïssâte d'v-
ne ioyeuse & heureuse paix, Charles Martel fit partage entre
ses enfans de ses Estats & Seigneuries & peu apres, sçauoir le
vingt-deuxiesme d'Octobre, sept cens quarante & vn Il deceda, premier nommé Princes des François, & gist a S.Denis.

Vniquement de Dieu, ma Maiesté releue,
Aussi i'iray battant ses ennemis sans trefue.

De Charlemaigne Empereur de Rome, & vingt-qua-
triéme Roy de France.

CHARLES, n'eust pas plustost fait partage auec son frere Carloman, qu'il fut com-
traint retenir en bride Loup Duc de Gascon-
gue, & Hunaut d'Aquitaine, par vn fort appellé Fressac, basti pres Libourne. Puis ayant pris en
mariage la fille ou sœur de Didier, Roy des Lombards,
receut Trasilon Duc de Bauiere en amitié, L'an d'apres
Carloman deceda, laissant deux fils, lesquels Charles ne
permit de regner à l'estat de leur pere, ains l'annexa au
sien. Puis alla faire guerre aux Saxons : & en l'an sept
cens soixante & quinze, à la requeste du Pape Adrian,

prit Didier dans Pauie qu'il enuoya en exil au Liege
recouurant ce qu'il possedoit en Italie. Et en la mesme annee retourna contre les Saxons, où il fonda vn fort nommé Francfort. Puis estant allé en Italie contre Adalgise fils de Didier, qui s'estoit reuolté, retourna tout aussi tost contre les Saxons : qui furent contraints de prendre le Christianisme, en l'an sept cens soixante & seize. Et de là alla contre les Bretons: & en la mesme annee prit sur les Sarrasins d'Espagne, Pampelune Sarragosse, rendit plusieurs Roys tributaires : où en son retour, les Gascons tuerent la pluspart des preux de France. Il subiuga aussi les Bretons de la petite Bretagne, qui s'estoyent reuoltez : & en l'an sept cens quatre vings sept, receut la fidelité d'Aragise Duc de Beneuent, & de Trasilon Duc de Bauiere, sur lequel il confisqna à luy le pays de Bauiere: & le fit rendre Moyne auec son fils Theodon. Il vainquit aussi les Sclauons & Vvandales, qui tenoyent les pays de Brandebourg, Melgebourg, & Pomeranie, comme aussi il vainquit les Huns & Auarois, qui lors occupoyent la Pannonie. Il fut salué Empereur l'an huict cens & vn, le iour de Noël. Et ayant receu des presens du Roy de Perse, fut requis de mariage par l'Imperatrice Irene. Puis ayant combatu les Venitiens par son fils Pepin, & desfait les Normans : & auparauant fondé les Vniuersitez de Paris, Boulongne & Pauie, & voulut assembler par vn canal le Rhim auec le Danube, decela l'an huict cens quatorze, le vingt-huictiéme Ianuier, estant aagé de soixante & douze ans & de son regne des François quarante six, d'Italie quarante trois, & d'Empire quatorze. Gist à Aix la Chappelle.

Vn Roy ne doit se plaire en vn phantausme,
Mais bien cercher vn eternel Royaume.

De Louys Debonnaire Empereur de Rome, vingt-cinquiesme Roy de France.

LOVYS, qui estoit resté seul fils de Charle-magne fut sacré à Rheims par le Pape Estien-ne l'an huict cens quatorze, au commen-cement de son Empire il remit en son obeys-ance les Esclauons, Sorabes, & les Gascons, qui s'e-stoyent reuoltez apres le decez de Charlemagne : & tint vn Parlement à Aix, où il fit couronner Empe-reur, comme le Prince Lothaire, son fils aisné, & fit couronner Roys ses autres fils, donnát pour appanage à Pepin le Royaume d'Aquitaine, & à Louys la Duché de Bauiere. A raison dequoy Bernard son nepueu se

rebella contre luy : lequel par sentence du conseil de
l'Empereur eut les yeux creuez , dont de douleur il
mourut. De là Louys alla contre les Bretons , qui s'e-
stoyent souleuez , & chassa Lindeutte , Gouuerneur
d'Austriche de la Pannonie. Et ayāt en l'an huict cens
vingt-quatre , renouuellé l'alliance auec l'Empereur
Michel de Constantinople , & sa femme Hermingarde
estant decedee , il espousa en seconde nopces Iudith,
fille du Comte Altorf : laquelle parce qu'elle auançoit
les siens , au desauantage des enfans de l'Empereur , fut
cause de leur faire mettre vne armee sus contre leur pere: & ayant confiné sa femme en vn monastere d'Italie,
l'encofrerent à S. Medard de Soissons , d'où il fut retiré
l'an huict cens trente quatre , par les Princes fideles
François. Ce voyant Lothaire s'enfuit en Italie.   Les
troubles de France appaisez , les Danois & Normans
vindrent rauager la Zelande & Frize , & comme aussi
les Bretons se reuolterent. Mesmes les Sarrazins donnerent beaucoup de peines à l'Empereur , pour les re-
pousser des rauages de l'Italie & Prouence.   Lequel se
sentant proche de ses iours , donna à son fils Charles,
la France Occidentale.   Et par le decez de Pepin, qui
deceda l'an huict cens tre- te huict , y adioustant l'A-
quitaine , & à Lothaire il laissa l'Empire auec le reste
du Royaume des François , l'adiurant au reste de prendre la tutelle & protection de Charles:& laissa à Louys
le Royaume de Bauiere. Duquel partage Louys se mes-
contentant voulut entreprendre sur l'Allemagne:mais
en ayant esté empesché par deux diuerses fois par l'armee de l'Empereur, en fin l'Empereur deceda en vne
Isle sur le Rhein, le soixantiesme an de sō aage,&vingt
septiesme de son regne,& de l'Empereur le huict cens
quarante.

Dieu commande, & tout seul le commandeur ordonne,
Et l'oste quand il veut, ainsi comme il le donne.

De Charles le Chauue Empereur, & vingtsixiéme
Roy de France.

CHARLES le Chauue, estant paruenu au
royaume l'an huict cens quarante, entra en
grandes guerres contre Lothaire, iusques à
se donner bataille à Fontenay. Pendant ces
debats les Bretons se reuolterent, & les Normans vindrent iusques à Paris, saccager l'Abbaye de S. Germain:
de façon que Charles fut contraint de les faire retirer
par argent. Apres ce, Charles alla contre Neomenius
Roy de Bretaigne, lequel il mit en route, & les desfit
apres deux autres fois. Depuis l'an huict cens cin-

quante vn, l'Aquitaine tomba entre les mains de Charles, lequel fit encloiftrer fes nepueux, Pepin & Charles
qui le tenoyent. Puis vainquit les Bretons.   Les Normans d'autre part prindrent la ville de Nantes, mettans
tout à feu & à fang fans pardonner mefme à l'Euefque
qui celebroit la Meffe.   Quinze ans apres la iournee de
Fontenay, Charles le Chauue fe fit facrer Roy en la ville de Limoges.   Lothaire fe rendit Moyne , laiffant
l'Empire à fon fils Louys:mais ce qui eftoit en la Gaule
deçà les monts , fut partagé entre Charles & Lothaire
fes autres fils. Baudouyn ayant efpoufé la fille de Charles le Chauue fans fon confentement, eft en fin receu
pour gendre:auquel Charles donna le pays de Flandres
& perdit l'Aquitaine , dont Louys Roy de Germanie
s'en fit couronner Roy en la ville de Sens, pendant que
Charles eftoit occupé contre les Normans , laquelle il
recouura l'an huict cens cinquante neuf, faifant retirer
fon frere en Allemagne : & l'an huict cens foixante
firent alliance enfemble.   Pendant ce , il furuint des
troubles entre les grands Seigneurs de France : au moyen defquels les Bretons vindrent iufques à Poictiers,
d'où ils furent chaffez par Charles , & l'an huict cens
foixante & trois , furent contraints prendre leur
Royaume ou Duché à foy & hommage de luy. En l'an
huict cens foixante & neuf, fut efleu Roy de Lorraine
par la mort de fon nepueu Lothaire : mais il fut contraint en faire part au Roy de Germanie. Il fut auffi
couronné Empereur, l'an huict cens foixante & quinze
par le decez de fon nepueu Louys, dont il ne iouyt que
deux ans : au bout defquels voulant retourner d'Italie
en France, fut empoifonné par fon Medecin, le 6. Octobre l'an huict cens foixante & dix-fept.

Le des-honneur d'vn pere paſſe,
Auec le ſang droit à ſa race.

De Louys III. du nom, Empereur, & vingt-ſeptieſme
Roy de France.

LOVYS, ſurnommé le Begue, comme heritier & ſucceſſeur de ſon pere ſe declara non ſeulement Roy de France, en l'an huict cens ſoixante & dix-ſept, ſe faiſant couronner en plaine aſſemblee de ſes Princes & Prelats à Rheims, mais auſſi Empereur d'Italie. Aymoinus teſmoigne, qu'il fut en different auant ſon couronnement auec les Primats de ſon Royaume, à cauſe qu'il auoit diſtribué les Eſtats & dignitez de la France ſans leur auis: tellement que force luy fut de les contenter. Cependant le Pape Iean huictieſme eſperant mieux des

François que des Allemans, faifoit tout fon poffible de
reduire l'Italie à la deuotion du Roy Louys le Begue: à
caufe dequoy il fe rendit ennemy de ceux qui s'eftoyét
dediez à la caufe de Carloman, nepueu dudit Louys. &
fils aifné de Louys, Roy de Bauiere: lefquels mirent le
Pape prifonnier, dont il efchappa par moyen de fes ad-
herans, & feretirans en France auec les threfors de
l'Eglife, apres auoir excommunié fes aduerfaires, qui
toutesfois ne laifferent pour cela de retenir la cité de
Rome en deuotion enuers Carloman. Pendant le Pape
fut conduit depuis Arles par le Duc Boſon iufques à
Lyon: d'où il fut trouuer le Roy à Troyes, où le Roy
fe fit par luy couronner de la Couronne Imperiale.
Apres ce le Pape fut reconduit par Boſon en Italie,
pendant que l'Empereur Louys alla trouuer le Roy
Louys de Germanie en la Lorraine: où ils conclurent
vn traité de paix, par lequel la queftion du droit de
l'Empire fut remife à vn autre temps, & fut dit, que la
poffeffion demeureroit à vn chacun de ce qu'il tenoit
en Italie, iufques à ce que l'on euft autrement conuenu.
Puis comme l'Empereur fe fut mis en chemin auec fa
puiffance pour aller vifiter Bernard, Marquis de Gothie,
où du Languedoc qui auoit donné occafion à l'Empereur de ce deffier de fa fidelité, fut arrefté à Troyes d'vne
ne maladie, qui le fit, fous efpoir de recouurer fa fanté,
retourner à Compiegne: où il deceda le dixiéme Auril
huiét cens foixante & dix-neuf, laiffant fa femme enceinte, qui accoucha toft apres d'vn fils, qui fut nommé Charles, & depuis furnommé le Simple.

La vertu non le sang, fait le Roy legitime.
D'elle non pas de luy, le peuple nous estime.

De Louys & Carloman XXVIII. Roy de France.

L OVYS & Carlon, ou Carloman enfans de
Louys le Begue, d'Ausgarde, qu'il auoit
prise a femme, sans le sçeu de son pere, &
par le commãdemẽt d'iceluy l'auoit depuis
repudiee, selõ les Croniques d'Allemagne
furent couronnez Roys de France, l'an huict cens soixante & dix-neuf, suiuant la recommendation qu'en a-
uoit fait Louys le Begue à sa mort aux Princes de son
royaume. A l'occasion dequoy quelques Abbez &
grands Seigneurs se partialisans contr'eux, appellerent

le Roy Louys d'Allemagne, pour prendre les affaires de
France en sa main.   Pour raison dequoy estant arriué à
Verdun, fut appaisé pour la part du Royaume de Lorraine qui luy fut baillee, que luy & son feu pere auoyét
querelle contre les Roys de France. Le feu ainsi estaint
se representa vne autre controuerse pour le Comté
d'Authun entre les Comte Theodoric, à qui elle auoit
esté donnee par le deffunct Empereur, & Boson qui le
pretendoit, à qui elle fut adingee par Hugues l'Abbé, à
condition qu'il laisseroit les Abbayes auec leur reuenu
qu'il auoit en ces quartiers là, au Comte Theodoric.
L'estat de France estant en telle sorte troublé, Boson le
broüilla d'auantage, se faisant couronner Roy de Bourgongne, comme aussi firent les Normans, desquels les
Roys en desfirent le iour S. André, huict cens soixante
& dix-neuf, iusques à cinq mille.   Puis en l'an huict
cens quatre vingts, ils firent partage du Royaume de
France, par lequel, tout ce qui estoit de France Neustri-
que, aduint à Louys, & l'Aquitaine auec la Bourgongne, accompagnees de leurs marches, à Carloman. Ce
fait, allerent attaquer les Normans, desquels ils en mirent en pieces en la forest Charbonnieres, iusques à
neuf mille, & de là chasserent Boson de la Bourgongne.
Puis Louys retourna contre les Normans, dont il en
desfit iusques à neuf mille, & l'an d'apres il deceda. Les
Normans ne laissans à gaster & rauager toute la France, mesme iusques à Paris. Carloman fut contraint d'a-
cheter d'eux la tréue pour douze ans, dont il ne iouyst
gueres. Car l'annee mesme, qui fut huict cens quatre
vings & quatorze, il fut tué d'vn Sanglier, allant à la
chasse, ayant regné de cinq à six ans.

Rarement se voit le bon heur
Fauoriser vn lasche cœur.

De Louys dit Faineant, & Charles le Gros XXIX.
Roy de France.

LOVYS, dit Faineant , fils de Carloman
succeda au Royaume l'an huict cens quatre
vings cinq, à la poursuite de Hugues l'Abbé
(lequel estoit ainsi nommé, pource qu'ó estime qu'il auoit le premier des Prince laics vsurpé le reuenu des Abbayes) de façon que tout ce qui estoit de là
la Seine, & ce qu'on appelloit la Neustrie , demeura en
l'obeyssance de Louys le Faineant , & celle qui sont
deçà la Seine, auec la Bourgongne, se mirent en la
protection de Charles le Gros , Empereur : lequel

vint prendre la protection de la France contre les
Normans, ſuiuant ce que luy en eſcriuit Fulco Archeueſque de Rheims. C'eſt pourquoy l'vn & l'autre ſont
mis en rang de Roys. Pendant ce temps les Normans
entrerent en la Neutrie, gaſtans & ſaccageans la pluſ-
part des villes d'icelle, notamment Rouen, Eureux, &
Bayeux: mais ils furent ſi bien eſtrillez par la vaillanti-
ſe de Hugues l'Abbé qu'ils ny oſerét remettre le pied
de long temps apres : qui fut cauſe que l'annee meſme
qui fut l'an 887. ils retournerent foudroyer les autres
parties de la Frãce, ſans eſpargner les Pays de l'Empereur : ſur lequel ils prindrent le chaſteau de Louuain.
De là ſe vindrent rendre deuant Paris, ſous la conduite
de leur Roy Sigefroy, eſperant auſſi bien faire leur profit qu'à l'autre: mais elle fut ſi brauement deffenduë par
le Comte Eudes & par l'Abbé Goſlin, qu'ils ſe trouuerent totalement fruſtrez de leur pretention. Louys
Faineant mourut incontinent apres, ayant porté le nõ
de Roy iuſques à ſa mort, l'eſpace de deux ans, ſelon
la Chronique de ſainte Benigne. Meſme Charles deuint
ſi hebeté de ſens & d'entendement que quand les Princes de l'Empire cogneurent qu'il ny auoit aucun eſpoir
d'amendement en luy, & que les affaires de l'Empire
en pourroient tomber en mauuais train, il le baillerét
en curatelle à ſon nepueu Arnulphe, fils naturel du feu
Roy Carloman, ſous lequel il deceda toſt apres, à ſçauoir le douzieſme de Ianuier de l'an huict cens quatre
vingt huict.

L'heritier qui s'absente est cause qu'on m'appelle,
Son retour me recule, & ma fraude rebelle.

De Eudes, ou Odon trentiesme Roy de France.

V D E S ou Odon fils de Robret, Comte de
Paris & de France tuteur du ieune Charles,
print le gouuernement des affaires sous le
tiltre de Roy, & du consentement d'Arnulphe, & Seigneurs François. Il fut sacré &
couróné Roy par Gautier Archeuesque de Sens, qui fut
cause que Baudouyn Comte de Flandres & Fulco Archeuesque de Rheins, manderent à Guy, Duc de
Spolette en Italie, de prendre les affaires de France en
main. Odon estant estably donna la Comté de Paris &
de France au Comte Robert son frere, & instítua Ri-

chard Comte d'Authun, Gouuerneur de la Basse Bourgongne, pour la deffendre contre les Normans , desquels ayant esté ceste annee huict cens quatre vingt
huict, repoussez de denant Paris par le Comte Robert,
vindrent assieger Sês ꞇd'où ils furent chassez par ledict
Richard Duc de Bourgongne, qui a esté le premier qui
a laissé ceste dignité hereditaire & patrimoniales à ses
successeurs. Vualtaire nepueu d'Eudes, s'esleuant contre luy, se met dedans Lyon d'où estant tiré , est mis à
mort. Au mesme temps Ebulo, Abbé de saint Germain
& le Comte Ranulphe, accompagné de son frere
Gotsbert, s'esleuerent contre Eudes en Aquitaine, qui
le fit partir de Lyon pour aller contr'eux. Cependant
la plus part des Seigneurs de la Neustrie, prindrent à la
poursuite de Foulques Archeuesque de Rheims , &
Comte Heribert & Pepin le ieune, Charles le Simple,
lequel ils firent sacrer & couronner Roy en la ville de
Rheims. A raison dequoy Eudes & luy entrerent en
grandes guerres : de façon que Charles le Simple voulut entrer en confederation auec vne flotte de Normás
conduits par Hastinge, pour recouurer son Royaume,
mais il en fut empesché par Fulco, Archeuesque de
Rheims, pource qu'ils estoiéc encores Payés. Fulco fit
la paix entre ledit Eudes, Charles le Simple, l'an huict
cens quatre vings & dix-sept. Et apres ceste reconciliation vne partie du Royaume fut baillee à Charles,
& l'autre laissee à Eudes , lequel n'en iouyt pas long-
temps apres , parce qu'il deceda sans enfans le troisiesme Ianuier, l'an huict cens quatre vingt dix-huict & à
son decez declara que la Couronne, reuint apres lui à
Charles le Simple à qui elle appartenoit de droit.

Ma mort & ma prison, c'est la pariure foy,
D'vn subiet infidelle à la bonté d'vn Roy.

De Charles le Simple XXXI. Roy de France.

CHARLES le Simple, fut remis au throsne de
son pere, l'an huict cens quatre vings dix-
huict. Et pource que les forces & la dexterité
luy deffailloient, chacun commença à posseder comme
heritage patrimonial à leur posterité, ce qu'ils auoyent
occupé ou obtenu du domaine Royal : En façon que
les grandes dignitez, Duchez, Comtez & Gouuerne-
mens des Prouinces, qui ne se donnoyent auparauant
qu'à vies, & en tiltre d'estat, deuindrent hereditaires.
L'an 912. il fit paix auec Rollon, aux conditions que
le pays de Neustrie, borné de la riuiere d'Epte d'vn costé, & de l'Occean de l'autre, demeureroit à Rollon

en tiltre de Duché, pour le tenir à foy & hommage de
la Couronne de France, moyennant aussi que lui & sa
gent se feroient Baptiser. A cause dequoy il fut nommé Robert au Baptesme, du nom du Comte Robert,
son parrin. De là print son commencement la nomination de Normandie. En ce temps aussi il y auoit de
grands troubles en France, qui estoient esmus par
Robert, frere d Eudes, ou Odon, lequel s'estoit fait
couronner Roy de France par Heriuee, Archeuesque
de Rheins, pendant que Charles estoit en Lorraine:
Pour laquelle recouurir, Charles mena vne armee de
Lorrains contre Robert, lequel il print à despourueu
pres Soissons. Nonobstant ce, Robert le soustint vaillamment : mais ce ne fut sans y laisser la vie. La bataille
toutesfois fut perduë par Charles, lequel s'enfuit en
Lorraine. A moien dequoy les alliez de Robert appe-
lerent le Duc Rodolphe de Bourgonne, lequel ils firent couronner Roy à Soissons au desfaut de Hugues le
Blanc, fils dudit deffunct Robert, lequel pour sa ieu-
nesse ne s osoit ingerer de pretendre à la Couronne. A-
pres ce Charles ne tarda gueres a se venir prendre aux
filets du Comte Heribert, qui l enuoia querir par son
cousin Bernard, Comte de Senlis: de façon qu'il fut retenu premierement en la ville de saint Quentin, & depuis enuoié prisonnier à Chasteau Thierry sur Marne
& de là à Peronne, où il deceda cinq ans apres sa prison,
laissant Louys en la puissance de sa mere Theatgine,
qui l'emporta sauuer en Angleterre.

                              DE RODOL-

Tous chemins arriuans au sceptre, quoy que long*s,
Quoy que pernicieux, sont tres-cours & tres-bons.

De Rodolphe, ou Raoul de Bourgongne XXXII. Roy de France.

R ODOLPHE, ayant esté couronné ROY à
Soissons le treziéme iour de Iuin, l'an neuf
cés vingt-trois, à regné non moins, l'espace
de treize ans, il alla par apres faire la guerre
auec Hugues le Blanc aux Normans, autres
que ceux de la suite de Rollon, ains de ceux qui tenoyent les riuages de Loire : d'où il fut reuoqué pour
aller receuoir le serment des Lorrains, fors du Duc
Gislebert, & Rothaire Archeuesque de Treues. Puis

ayant espousé Berthe, fille du Duc de Sueue , & par ce
ayant esperance de se faire Empereur, passe en Italie, où
il vainquit Berangier, & le chassa d'Italie : & à son retour ayant fait la paix auec les Normans , alla contre le
Duc Guillaume d'Aquitaine, lequel il contraignit de
tenir son estat de la Couronne. Et au Parlement des
Estats du Royaume qui furent tenus à Attigny , se fust
transporté en Lorraine , n'eust esté qu'il fut empesché
par vne maladie qui le retint à Rheims. Depuis il retourna contre les Normans: mais pour la rebellion des
Lorrains, qui auoyent rendu la haute Lorraine à l'Empereur Henry , il fut contraint faire tréues auec les
Normans: laquelle ne dura gueres , par ce qu'ayant recommencé leurs courses: l'on fut contraint acheter la
paix par vne somme de deniers, pour aller côtre le Duc
d'Aquitaine, qui s'estoit rebellé, sur lequel il print Neuers. Le bruit des Hongrois qui venoient en France, le
firent entendre à la reuolte du Comte Hebert : lequel
s'accompagnant de Hugues le Blanc , alla prendre l'alliance de l'Empereur Henry en Lorraine , & à son retour mit le Roy Charles hors de prison , & s'en alla
trouuer le Duc Guillaume de Normādie pour se liguer
contre Rodolphe. Ce commencement de guerre estant
pacifié entr'eux, Heribert fit resserrer le Roy Charles,
lequel mourut incontinent apres à Peronne. En ce
temps il y auoit force querelles entre les grands de
France pour les Prouinces, lesquelles procedoyent de
la finesse de l'Empereur qui vouloit tenir les partialitez
de France en equalité , de peur que la tranquillité de
France ne luy vint à troubler son Estat de Lorraine.
Rodolphe deceda le douziesme ou quinziesme Ianuier
neuf cens trente six.

La France est vne terre ferme,
Plus immobile que le Terme.

De Lovys dit Doutremer, trentetroisiesme
Roy de France.

LO V Y S, fils de Charles le Simple, fut appellé d'Angleterre par les Princes de France,
& à l'instance de Hugues le Blanc, couronné à Laon, par Artold Archeuesque de
Rheims, le dixneufiesme Iuillet, neuf cens trente six.
De là alla recounter la ville de Langres sur Hugues
le Noir, frère du Roy Rodolfe : & ayant receu les
Seigneurs de Bourgongne, auant que venir à Paris,
se desfit de Hugues le Blanc, & ennoya querir sa
mere pour vser de son conseil. Ce qui causa à Hugues

de s'allier de l'Empereur Othon , en prenant sa sœur
en mariage,& se reconcilier auec Heribert. Puis vindrent poursuiure le Roy iusques en Bourgongne, lequel pour reuanche se ietta sur la Lorraine : qui fut
cause de faire partir l'Empereur d'Allemagne,pour s'o-
poser à luy:lesquels firent tréues entr'eux. Nonobstant
ce,le Roy ne peut impetrer paix de ses aduersaires, iusques à ce que les Ducs de Normandie, d'Aquitaine &
de Bretagne , ayans esté intimidez par les censures du
Pape Estienne,le receurent, & firent tant que l'Empereur l'accorda auec les Princes Hugues & Hebert : lequel de là à quelque temps ayant esté saisi par le Roy,
fut pendu,par ce qu'il auoit detenu son pere.   Ce qui
troubla tellement le repos de la France, auec la mort du
Duc Guillaume de Normandie, massacré par le Comte
de Flandres , que la guerre estant enflammee par toute
la France,le Roy fut fait prisonnier des Normans:des-
quels estant deliuré par Hugues le Blanc , qui le bailla
au Comte Thibaut, lequel le detint encores l'espace
d'vn an.Ce que voyant l'Empereur Othon,se depart de
la cause de Hugues le Blanc , & commença à soustenir
le Roy,à ce que conseruant l'vn l'autre également , il
vint à recueillir le fruict de leur ruine sans danger. Finalement ceste derniere guerre qui auoit duré par l'espace de sept à huict ans, ayans prins fin par vn appointement fait entre le Roy & le Duc Hugues en la ville
de Soissons,le Roy mourut d'vne estrange maladie , au
mois de Septembre,ou selon les autres le douziesme de
Nouembre neuf cens cinquante quatre, apres auoir regné enuiron dix-neuf ans,laissant de sa femme Gerber-
te,Lothaire & Charles.

O Germains que de voſtre ſang.
Chez moy rougira maint eſtang.

De Lothaire, trente quatrieſme Roy de France.

LOTHAIRE ſucceda à la Couronne, le douzieſme Nouembre, l'an neuf cens cinquante
quatre. Il donna la Bourgongne & l'Aquitaine
au Duc Hugues, & le voulut faire Gouuerneur d'A-
quitaine. Mais le Comte Guillaume defendant ſa main-
tenuë, luy ferma les portes de Poictiers. Hugues deceda
le ſeiziéme Iuin l'an neuf cens cinquante ſix, laiſſant
Hugues Capet, Othon, Odon & Henry. Auec leſquels
le Roy entra en different, pour quelques chaſteaix
qu'il auoit ſaiſi ſur eux. Lequel fut appaiſé par Brunon

Archeuesque de Colongne , oncle du Roy , enuoyé par
l'Empereur Othon. Apres ce, le Roy fit vne assemblee
des Princes & Prelats de la France à Soissons , pour y
attraper Richard Duc de Normandie , qui machinoit
contre le Roy, lequel ne s'y trouua pas. Cependant Ar-
nulfe le vieil, Comte de Flandres estant decedé , lequel
auoit auparauant fait donation de sa terre au Roy Lothaire, le fit transporter ceste annee neuf cens soixante
& cinq, en Flandres , pour en receuoir les submissions
de fidelité. Lothaire espousa ceste annee neuf cens soixante & six Hemima ou Emma , fille d'vn Lothaire second, Roy d'Italie, & d'Aldeleide , fille de l'Empereur
Othon: comme aussi Mathilde , sœur du Roy Lothaire
espousa Bernard Roy de Bourgongne. Apres ce, le Roy
voulant faire la guerre à Richard Duc de Normandie,
à la suscitation de Thibaut Comte de Chartres , fut
contraint de faire accord auec luy. Quelque temps a-
pres le Roy Lothaire suscita Ragner & Lambert , enfans du feu Comte de Mots en Haynaut , de luy faire
la planche pour r'entrer dedans le Royaume de Lorraine, que les Allemans luy detenoyent : qui fut cause
qu'Othon, pour luy tailler de la besongne , donna la
basse Lorraine à Charles son frere , pour le rendre
moins affectionné enuers luy. Le Roy passa incontinent auec ses forces iusques à Aix, où il pensa surpren-
dre l'Empereur : lequel pour sa reuenche vint deuant
Paris, d'où il fut viuement repoussé: qui fut cause qu'ils
appointerent ensemble, & la Lorraine demeura à Charles , qui prit pour armes lors le bras armé sortant des
nuës. Apres la mort d'Othon le Roy Lothaire se remit
dedans Lorraine , de laquelle il ne iouyst pas long têps,
pour ce qu'il mourut incontinent apres, l'an neuf cens
quatre vings trois.

Ma race icy pert sa vigueur,
Ainsi qu'vne derniere fleur.

De Louys, *cinquiéme du nom, trentecinquiesme*
Roy *de France.*

Ovys cinquiesme du nom , fils vnique de Lothaire, succeda à la Couronne, & l'an neuf cens octante six , fut sacré à Rheims. Le continuateur d'Aymoinus escrit , qu'il regna neuf ans: comme aussi vn autre Chroniqueur nommé Hugues a esté de mesme aduis. Toutesfois il se peut prouuer par tesmoignage certain, que Lothaire deceda l'an neuf cens octante cinq, auquel Louys succeda , & que Hugues Capet n'a point commencé de regner deuant l'an neuf cens octante

sept,ou neuf cens octante huict. De façon qu'il appert,
qu'il n'a sçeu regner plus de deux ans, & a esté enterré
à S.Cornille de Compiegne.Au reste, Glabert tesmoigne que Louys print à femme vne fille nommee Blanche,qui luy fut amenee d'Aquitaine : laquelle le trouuant homme de neant,le laissa, & se retira en son pays.
Qui fait estimer vray semblable ce qu'on escrit de la
mort d'iceluy : ioint que si elle estoit fille du Duc d'A-
quitaine,qu'elle estoit aussi par mesme raison niepce de
Hugues Capet.Ledit Louys mourut (comme plusieurs
ont estimé) de mesme façon que son pere, par le moyen
de sa femme Blanche sans laisser aucuns enfans capa-
bles de luy succeder.Odoramus l'a surnommé Faineãt,
pource qu'il n'eut loisir de faire aucune chose memorable,pour la briesueté de son regne. Cependant,enco-
res que Charles Duc de Lorraine, fut plus proche de
droit à luy succeder à la Couronne, comme estant son
oncle paternel:si est-ce que Hugues Capet, fils de Hugues le Blanc, se rendit partie contre luy, pretendant
(comme plusieurs ont escrit) que Louys luy auoit resigné la Couronne par son testament. Mais les autres
sont d'auis que se confians à l'authorité qu'il auoit en
France, & de la faueur que luy portoit le peuple & la
Noblesse Françoise, & du mescontentement de son
compediteur, qui s'estoit par trop effectué au party des
Allemans,& qu'il fut trop tardif à recueillir la succession du Royaume à luy escheuë, & du mal qu'il luy
vouloit particulierement, pource qu'il auoit pris à
femme la fille de Hebert Comte de Troye, l'inciterent
à debatre la Couronne contre luy.

Labor viris conuenit.

Le trauail conuient aux hommes.

Aux Omphales fied la quenoüille,
Aux Herculs la rouffe defpouille.

De Hugues Caper, trentefixiefme Roy de France.

V G V E S Capet fut declaré Roy à Noyon
par les Princes, Barons & Prelats de France, & puis oinct & Sacré à Rheims le troifiefme Iuillet, l'an neuf cens quatre vingt
fept, où il fit encore pareillement Sacré &
Couronner Roy comme luy, l'aifné de fes fils, nommé
Robert, enuiron demy an apres, à fçauoir le premier
Ianuier. Le peuple, la gendarmerie, & tous les Prelats
firent ferment de fidelité a Capet contre tous, fignam-
ment contre Charles de Lorraine: lequel vint auec vne
armee debatre & pourfuire fort afprement fon droit
par armes en France, l'efpace de quatre ans. Et s'em-

para premierement de la ville de Laon par le moyen
d'Arnulphe, fils naturel du feu Roy Lothaire, où Hugues le voulut aller assaillir : mais il fit sur luy vne saillie si brusque, qu'il se mit honteusement en route auec
sa compagnie. Puis ayant pris d'assaut le chasteau de
Montaigu, & pillé le terroüer de Soissõs & de Rheims,
s'en retourna à Loan : & l'an d'apres il se fit maistre &
possesseur de la ville de Rheims, par l'intelligence qu'il
auoit auec ledit Arnulphe, nouuellement esleu Archeuesque de Rheims, par le decez d'Albero. A raison dequoy Hugues vsant de mesmes ruses contre Charles
pratiqua Ascelin, ou Anselme, Euesque de Laon, lequel le mit dedans la ville auec son armee : où Charles
fut pris, & mené prisonnier à Orleans auec sa femme
Agnes : De laquelle il eut en prison deux enfans, qui
moururent tous quatre en prison. Par ceste prise la
guerre estant finie contre Charles, & les villes de Laon,
& de Rheims prises , mesme la Duché de France e-
stant incorporée au domaine Royal, & la cité de Paris,
recommençant à prendre le tiltre de la cité Royale,
Hugues fit tenir vn Synode à Rheims, par lequel Arnulphe fut deposé, & Gilbert , precepteur de Robert
fils de Hugues, substitué en son lieu. Dequoy le Pape
non content, fit conuoquer vn Concile en France, par
le decret duquel Gilbert fut démis, & Arnulphe remis.
Hugues deceda le vingt-deuxiéme Nouembre , l'an
neuf cens quatre vings seize , & selon les autres, l'an
neuf cens quatre vings dix-huict. Il fut enterré en
l'Abbaye S. Denis en France auec ses ancestres.

Ie gouste le doux fruict d'oliue,
Et Mars de son los ne me priue.

De Robert trenteseptiesme Roy de France.

OBERT succeda à son pere HUGUES, l'an neuf cens nonante six, Venant à la Courône, il fit rendre Melun au Comte Bouchard, que le Comte Odon de Chartres, fils de Berthe, sœur de Raoul de Bourgongne, auoit occupé. Puis sa femme Lutgarde estant decedee, prit à femme Berthe, vefue d'Eudon Comte de Chartres : laquelle il laissa, pource qu'elle estoit sa commere : & prit Constance, fille de Guillaume Comtes d'Arles, & de Blanche, fille de Foulques Comte d'Anjou. En ce mesme temps Henry Duc de Bourgongne , oncle paternel de Robert, deceda sans hoirs. A raison dequoy Othe Guillaume, surnommé l'Estranger , pretendant droit audit Duché , à cause de l'adoption que Henry auoit fait de sa personne, se rendit le plus fort dedans Auxerre , laquelle luy fut ostee par le Roy auec tout le Duché de Bourgongne , Othon fils de Charles Duc de Lorraine estant decedé : l'Empereur Henry en fit inuestir le Comte Godefroy d'Ardenne nonobstant que Geberge & Hermengarde sœurs d'Othon , mariées à Lambert & Aubert Comtes de Brabant & Namur , s'y voulussent mettre en possession. Qui fut cause que le Roy suscita Baudouyn Comte de Flandres contre l'Empereur , qui se saisit des villes qui sont sur la riuiere de l'Escaut, comme Valenciennes, Dinan & autres. En l'an mil quinze, le Roy osta la ville & Comté de Sens au Comte Ramard , dit le Mauuais à cause des violences & facheries qu'il faisoit à son Archeuesque & fut confisquee au domaine Royal. Puis il contraignit les Bourguignōs de reuenir en son obeyssance, lesquels s'estoient en l'an mil seize reuoltez : & apres auoir appaisé la querelle d'entre Richard Duc de Normandie , & Odon Comte de Chartres , qui se guerroient fort, alla traiter auec l'Empereur Henry , des affaires de la religion , & de leur Roiaumes, en vn parlement qu'ils eurent ensemble à Iouy sur Chere. Et apres auoir aussi appaisé la querelle d'entre Eudes Comte de Champagne & de Chartres , & de Foulque Comte d'Anjou, deceda à Melun l'an mil trente & vn ayant regné enuiron trente trois ans, gist à S. Denis.

Si vain le premier coup tu vois.
Recharge vne seconde fois.

De Henry premier de ce nom, trentehuictiesme
Roy de France.

ENRY succeda à son Pere Robert, l'an mil tré-
te & vn, nonobstant que Constance sa mere
voulut auancer son puisné Robert à la Couronne, sous la faueur de Baudouyn Comte de Flandres , &
d'Eude Comte de Champagne. Mais estant venu au
dessus d'eux, à l'aide du Duc de Normandie, côtraignit
son frere de se contenter de la Duché de Bourgougne,
en tiltre de fief de France. Quelque temps apres Robert Duc de Normandie visitant la cité de Ierusalem,

mourut à Nicee en la Bithynie. A raison dequoy Man-
gier Archeuesque de Roüen, & Guillaume sieur d'Arques, ses freres, se maintenans estre les vrais heritiers,
exciterent de grandes guerres contre Guillaume bastard dudit Duc, par luy institué son heritier: qui causa
d'enuoyer au Roy ledit Guillaume d'Arques, accompagné d'vn bon nombre de Noblesse Normande & Françoise, faire la guerre en Italie : d'où ils furent appellez
par Georges Maniaces Lieutenant de l'Empereur de
Grece en la Pouille & Calabre, pour les employer au recouurement de la Sicile, que les Sarrazins occupoyent,
sous promesses de leur en faire part. Enuiron l'an mil
quarante deux, Thibaut Comte de Chartres, & Estienne Comte de Troyes entrerent en querelle auec le Roy
Henry: à raison dequoy il s'adressa premierement contre Estienne, qu'il vainquit en bataille. Puis despoüil-
la Galleran Comte de Meulane, (qui tenoit leur party)
de sa terre, l'annexa à son domaine: & suscita Godefroy,
surnommé Martel, à faire la guerre à Thibaut, lequel il
print prisonnier, & se fit par luy liurer la ville de Tours
pour sa rançon.   Apres ce, le Roy alla trouuer l'Empereur Henry à Mets, où ils confirmerent alliance: laquelle l'Empereur rompit par le support qu'il fit à Thibaut
contre le Roy: lequel ensuyuant l'exemple de son pere,
resigna la Couronne ceste annee mil cinquante neuf, à
Philippes son fils aisné, lors aagé de sept ans seulement,
& le fit couronner à Rheims le vingt-neufiéme de
May audit an. En l'annee d'apres le Roy Henry deceda, laissant le ieune Roy, & vn autre fils, nommé Hugues, sous la tutelle de Baudouyn Comte de Flandres, Il
gist à S. Denis.

Ne iure qu'auec asseurance,
Et crains la diuine vengeance.

De Philippes, trentenensiesme Roy de France.

PHILIPPES succeda à son pere Henry
l'an 1060. duquel Baudouyn Comte de
Flandres, pour son bas aage, prit la charge
& regence. Iceluy voyant que les Gascons
vouloyent mutiner, mena son armee contr'eux, sous
pretexte d'aller contre les Sarrazins, & par ce moyen
il dissipa le commencement des seditions qui y estoyent. Quelques temps apres Edoüard roy d'Angleterre, deceda sans enfans, ayãt par testamẽt institué Guillaume Duc de Normandie, heritier & successeur de sa

Couróne:laquelle luy fut en vain debatuë par Harald, fils de Godoyn, pource qu'il fut tué en vne bataille que uy donna Guillaume Baudouyn Regét en France deceda enuiron l'an mil soixante sept, laissant la Comté de Flandres à Baudouyn de Môts, son fils aisné : auquel temps le Roy Philippes pouuoit lors estre aagé de quinze à seize ans. Lequel espousa Berthe, fille dudit Baudouyn:de laquelle ayant eu deux enfans, la repudia,& s'adonnaà la femme de Foulques Côte d'Anjou, laquelle en fin il quitta pour reprendre Berthe.En l'an mil quatre vingt quinze, le Pape Vrbain fit conuoquer en Nouembre vn Concile à Clermont en Auuergne:auquel le Pape à la plainte du Patriarche de Ierusalem,& de Pierre l'Hermite,il incita la plufpart des Princes de France :dont les Principaux furent Hugues le Grand frere du Roy Philippes. Robert, Duc de Normâdie,frere du Roy d'Angleterre, Godefroy de Boüillon,qui en l'an mil quatre vingt neuf, auoit eu en don la Duché de Lorraine,auec ses deux freres, Baudouyn & Euftache,ensemble les Comtes de Flandres & Tholoze,& de Bourges & de Blois,d'aller en Ierufalem, laquelle fut prife le quinziefme de Iuillet, l'an mil quatre vingt dix-neuf, & baillee à Godefroy de Lorraine, pour la garder & gouuerner à tiltre de Roy. Puis ils s'emparerent de la Palestine, apres auoir desfait en bataille plus de cinq cens mille Egyptiens,se faifirent du port de Iaffe, mettant par ce moyen fin à la guerre.Philippes estant aagé de cinquante sept ans, deceda à Melun, le vingt cinquiéme de Iuillet, l'an mil cent neuf, Il gift à S. Benoist fur Loire.

DE LOVYS

Ainsi que la grenoüille i'erre,
Seigneur de l'onde & de la terre.

De Louys VI. dit le Gros, XL. Roy de France.

LOVYS le Gros, succeda à la Couronne de
Henry son pere, & fut sacré & couronné à
Orleans par Giselbert Archeuesque de Sens,
l'an mil cent neuf. Il a esté le premier qui a
commencé à rabatre l'orgueil & puissance
des grands Seigneurs de France : qui pour raison de ce
soustenu du Roy d'Angleterre , s'esleuerent contre
luy, mais en fin il vint à bout de tous. En ce temps les
Anglois meurent la premiere guerre aux François , à
l'occasion du Comte Thibaut de Champagne & de
Bloys : mais le Roy pour sa reuenche institua Guillau-

me, fils de Robert Duc de Normandie , & l'enuoya accompagné de Baudouyn Comte de Flandres , & de Foulques Comte d'Anjou , auec vne armee, pour en prendre possession : qui fut cause de faire venir l'Anglois à la paix, & quitter Gisors à Guillaume , fils du Roy Henry, Baudouyn Comte de Flandres, estant blessé à la conqueste de Normandie , alla mourir en Flandres: lequel à faute d'enfans institua Charles, fils de Canut, Roi de Dannemarc, son heritier. Cependant le Roy ayant esté aduerti que l'Empereur venoit au secours de l'Anglois, alla au deuant , & le contraignit de rebrousser chemin. Il contraignit aussi le Comte d'Auuergne & le Viconte de Polignac, de faire raison à l'Euesque de Clermont : & à son retour fit recognoistre à Guillaume Duc d'Aquitaine , que non seulement l'Auuergne, mais aussi l'Aquitaine , tenoyent de la couronne de France. La Comté de Flandres fut mise en dispute entre Arnoult le Danois , Baudouyn Comte de Haynaut, & Guillaume d'Hipre, par le decez de Charles qui fut tué dans S. Donat à Bruges : & adiugee par le Roy à Robert Duc de Normandie par droit de consanguinité: dont s'en ensuit des guerres. Apres ce, le Roy fi couronner son fils Philippes à Rheims , le 14. Auril mil cens vingt neuf , le Roy d'Angleterre y assistant mais au bout de deux ans il deceda, par vn pourceau qu se mit entre les iambes de son cheual. Louys son frer fut couronné en son lieu par le Pape Innocent. le 25 Octobre, mil cens trente vn. Louys le Gros deceda Paris, l'an mil cens trente sept, laissant six enfans.

Vainqs la fortune en supportant,
Ne pouuant vaincre en combattant.

De Lovys septiesme dit le Ieun, quarante & vniesme
Roy de France.

OVYS entra en son regne au mesme mois que
son pere mourut, il espousa Alienor, fille vnique de Guillaume, dernier Duc de Guyenne
& de Poictou. Puis il fit la guerre au Comte de Vermandois, pour ce que suiuant les censures du Pape, il
repudioit Peronnelle sœur de la Royne Alienor,
pour reprendre sa premiere femme qu'il auoit auparauant repudiee. Et prenant sur luy la ville de Vitry
en Parthois, mit à feu & à sang plus de trois mille
cinq cens personnes : pour expier, lequel aya

fait S. Bernard luy conseilla de faire vn voyage auec
son armee en la terre Saincte, pour secourir la Palestine.
En laquelle estant paruenu auec son armee, receut de
mauuais tours de l'Empereur de Grece : mesme voyant
son armee affoiblie par vne surprinse des Turcs, se sauua en la ville d'Attalie, & paruint en Antioche : où le
Roy entra en mauuaise opinion de sa femme, qui
l'auoit accompagné en ce voyage. Puis il s'alla ioindre
à l'Empereur Conrad, pour ensemble assieger Damiette. Ce siege fut sans effect, pour l'enuie que les Chrestiens de la Palestine portoient aux nouueaux venus :
qui fut cause de faire retourner l'Empereur & le Roy
en leurs pays, où le Roy pensa estre pris par l'Empereur de Grece : mais il fut secouru par George, Lieutenant de Roger Roy de Sicile. Le Roy estant de retour,
repudia sa femme : laquelle se maria à Henry Comte
d'Anjou & de Normandie, qui deuoit succeder à la
couronne d'Angleterre, & luy porta les Comtez de
Poictou, & d'Aquitaine. Puis il print à femme Constance fille d'Alfonse Roy de Castille : laquelle estant
decedee il prit Adele, ou Ale, ou Alix, fille du Comte
de Champagne, de laquelle en l'an mil cens soixante
cinq, il eut vn fils nommé Philippes & surnommé
Dieu-donné : auquel le Roy estant deuenu vieil & cas-
sé, resigna sa couronne, nonobstant qu'il n'eust attaint
que l'aage de quatorze ans. Et fut sacré & couronné à
Rheims, l'an mil cens soixante & dix-neuf. Le Roy
Louys deceda le dix-neuf, ou le ving-neuf de Septembre, combien qu'il y en a qui le rapportent au vingt-
neuf du mesme mois, ou d'Aoust, l'an mil cent quatre-
vings. Il gist en l'Abbaye du Barbeau qu'il auoit fait
auparauant bastir.

Qui pourroit le Lys arracher,
Fondé sur vn si bon rocher?

De Philippes II. du nom, surnommé Auguste, quarante
deuxiesme Roy de France.

PHILIPPES succeda au royaume, l'an mil
cent quatre vingt, duquel il chassa les Iuifs,
& acquit par ses proüesses & conquestes le
nom d'Auguste, & de Conquerant. Il espou-
sa Isabelle, ou Alise, fille de Baudouyn quatriesme, Côte de Hainaut, par les trafiques de Philippes Comte de
Flandres : en faueur duquel mariage luy resigna la
Comté d'Artois. Mais depuis prenant la cause de Leo-
nor, heritiere d'Elisabet, ou Mabile, Comtesse de Flandres és Comtez de Vermandois, & Valois, contre le
Comte Flamend, qui pretendoit lesdites Comtez estre
l'ancien estoc de Flandres, s'empara seulement de la

Comté de Vermandois, laiſſant celle des Vallois audit
Flamend,dequoi eſtant indigné,alla faire hommage au
Roy de Germanie,fils aiſné de l'Empereur, de la Comté
de Flandres.Richard auſſi Duc d'Aquitaine, ſecõd fils
du Roi d'Angleterre,cõmença à mecognoiſtre le Roy.
A raiſon dequoy le Roi lui fit la guerre , & prit quelques villes ſur luy:mais ils furent incontinent appoin-
tez par le Legat du Pape,à la ſuaſion duquel ils ſe ligue-
rent pour aller en la terre Saincte. Cet appointement
fut incontinent rompu par noũueaux differens qui
ſuruindrent entre les Roys de France & d'Angleterre:
durant leſquels le Roy mit entre ſes mains toutes les
Comtez du Mans & Tours : dont le Roi Henry d'Angleterre de deſpit en mourut à chſteau Chinon : à
raiſon dequoy le Prince Richard ſon fils entrant au
Roiaume , prit en mariage Adele, ſœur du Roi Philippes : & furent enſemble en la terre Saincte, où d'a-
bordee prindrent la ville d'Acre , le 12. Iuillet 1191.
Puis pour quelques ialouſies qui ſe mirent entr'eux,
Philippes retourna en France,laiſſant la charge de ſon
armee au Duc de Bourgongne. Et pource que Philippes Comte de Flandres eſtoit decedé , le Roy retint à
ſoy la Comté d'Artois qu'il donna au Prince Louys.
Qui fut cauſe que l'Anglois lui fit la guerre , laquelle
eut fin par le decez de Richard: au lieu duquel Iean(dit
ſans Terre) ayant eſté ſubſtitué , & perdu la bataille à
Bonniuet,le Roi fit declarer ſon fils Louys, Roi d'Angleterre: que depuis il quitta par compoſition à Henry
fils de Iean. Apres ce Philippes enuoia ſon fils Louys
contre les Albigeois, & comme ledit Philippes tenoit
vn Parlement à Nantes , il deceda d'vne fiéure en la
quarante-troiſieſme annee de ſon regne , au mois de
Iuillet,l'an mil deux cens vingt-trois.

Mon sceptre que tu vois, ioint au glaiue en la sorte,
Tesmoigne que le Roi le sceptre en vain ne porte.

De Louys huictiesme du nom, X L I I I. Roy de France.

LO V Y S, fils aisné du Roi Philippes, succeda à la couronne de France, l'an mil deux cens vingt-trois. Il fut couronné à Rheims auec Blanche, fille du Roi de Castille sa femme, le sixiesme d'Aoust : à qui le surnom, de Montpensier fut si apres donné pource qu'il y mourut. Au commencement de son regne il renouuella l'ancienne confederation & alliance qui estoit entre la France & l'Allemagne : & à son retour mena son armee en Guyenne, où il desfit en bataille rangee celle

du Roy d'Angleterre , de laquelle Sauary de Mauleon
auoit la conduite:au moyen dequoy les François s'emparerent des villes de Niort, de Sainct Iean d Angely
& de la Rochelle , ne laissant rien de la Guyenne deça
la Garonne , qu'ils n'eussent reduit en l'obeissance du
Roy: Tellement que tous les Seigneurs , tant de Poictou , que du Lymosin & Perigort luy vindrent rendre
serment de fidelité & d'obeissance. Amaulri aussi fils
du Comte de Montfort , vint resigner entre les mains
du Roy de France, ce droit que son pere luy auoit laissé
és pays d'Alby Languedoc, Angenois, Querey, & au
Comté de Tholoze:qui en recompense l'institua son
Connestable , sçachant qu'il estoit capable d'vne telle
charge. L'annee d'apres Richard frere du Roy d'Angleterre vint assieger la ville de la Rochelle: mais sentant la venuë des François repassa la Dordonne auec
son ost,& depuis s'en alla en Angleterre vers son frere.
L'annee d'apres le Roy se croisa auec la pluspart des
Princes de son Royaume, à la suscitation du Legat du
Pape , pour retourner faire la guerre aux Albigeois &
Tholozains, à l'encontre desquels il mena son armee,
laquelle arriua la vueille de Pentecoste deuant Auignon , qu'il prit:puis passant outre receut les clefs de
toutes les villes , places & chasteaux du Languedoc,
iusques à quatre lieuës de Tholoze: où l'incommodité
de l'hyuer,& les maladies qui combatoyent son camp,
le firent aller rafraischir & hyuerner en France,en intention de reuenir auec le Printemps mettre fin au reste de son entreprise. Mais la mort le preuint à son retour,en la ville de Montpensier en Auuergne , le douziesme Nouembre , mil deux cens vingt-six, laissant
Louys,Charles, Alphonse & Robert ses enfans en fort
bas aage.

La paix du Ciel qui bien-heure le monde,
En mille biens mon heritage fonde.

De S. Louys, neufiéme du nom, XLIIII. Roy de France.

LOVYS neufiéme estant aagé de douze ans, succeda à son pere l'an mille deux cens vingt six. Il fut sacré à Rheims par l'Archeuesque de Sens, au defaut de celuy de Rheims. Blanche sa mere s'estant emparee de la personne du Roy son fils, se fit confirmer la Regente du Royaume par les estats: dont les Princes de France indignez, declarerent Philippes Comte de Boulôgne oncle paternel du Roy, Regent en France: qui fut cause de grandes dissentiôs. Elle ramena Robert Comte de Dreux, par sa douceur en l'obeissance du Roy. Mais les Ducs de Bretagne &

Comte de Champagne, auec le Roy d'Angleterre, furent contrains de recognoistre le Roy , à condition que le Breton feroit hommage de sa Duché au Roy: dont il fut appellé Mauclerc. Le Roy sortant de minorité en l'an mil deux cens trente quatre, espousa Marguerite , fille aisnee de Raimond Berenger Comte de Prouence puis erigea le pays d'Artois en Comté , qu'il donna à son frere Robert, qui en fut le premier Comte. Il fit vn voyage en la terre Sainte , où d'abordee prit Damiette , apres auoir desfaict les Mamelus : & de là s'en allant assieger Maseure, la peste se mit en son câp, qui fut cause qu'il fut chargé si viuement par le Soudan d'Egypte, qu'il fut pris, & ses gens tuez. Neantmoins il fut deliuré en rendant Damiette. En ce temps Blanche mere du Roy deceda , qui fit quelque temps apres retourner le Roy en France , apres auoir mis ordre en la Palestine. Et estant de retour s'adonna à policier son Roiaume de bonne & saintes Loix. Il fit appointement auec le Roy d'Angleterre, lequel par iceluy renonça à tout droit qu'il pretendoit au Roiaume de France & Duché de Normandie. En ce temps Charles, frere du Roy conquesta les deux Sicilles, dont il en fut couronné Roy l'an mil deux cens soixante six. Le Roy Louys fit vn second voyage pour le recouurement de la terre Sainte, auec le Roy d'Angleterre. Il fut premierement en Afrique, où il prit Carthage : & assiegeant Tunes, deceda d'vn flux de ventre le vingthuictiéme d'Aoust, l'an mil deux cens soixante & dix. Il fut canonizé apres sa mort pour sa sainte vie. Il fonda la sainte Chappelle au Palais à Paris , en laquelle il mit plusieurs saintes reliques.

Le croissant que ie porte, image de ma vie,
C'est l'image d'espoir du quel elle est suyuie.

De Philippes troisiesme du nom, quarante cinquiesme
Roy de France.

HILLIPPES, troisiéme du nom surnó-
mé le Hardy, fils aisné du Roy saint Louys,
ayant esté proclamé Roy en son camp deuant Thunes en Afrique, prit son chemin
à son retour par l'Italie, droit à Viterbe
pour accorder les Cardinaux, qui estoient en discord
plus de deux ans auparauant pour l'election d'vn Pape.
Il fut couronné à Rheims par l'Euesque de Soissons, le
trentiéme iour d'Aoust, mil deux cens soixante
& vnze. Puis incorpora la Comté de Tholose à sa
Couronne, par le decez du Comte Alphonse son on-

cle. Il alla donner secours à Gerard de Cossebonne son
subiet, contre les Comtes d'Armaignac & de Foix : à
raison dequoy le Comte de Foix se vint rendre à sa
mercy. Il remit le pays de Nauarre en l'obeissance de
Ieanne, fille de deffunt Héry Roy de Nauarre. Le Roy
espousa Marie fille de Henry Duc de Brabant, laquelle
fut soupçonnee d'auoir empoisonné Louys fils aisné du
Roy, de sa premiere femme Isabel d'Arragon. Elle fut
trouuee innocente par le rapport des deux Euesques,
qui furent enuoyez vers vne Beguide, ou plustost Sor-
ciere, pour en sçauoir la verité. L'an d'apres Pierre de
la Bresche, grand Chambellan de la France, & superin-
tendant des finances & affaires du Roy, fut pendu, e-
stant accusé & conuaincu de descouurir les secrets de
France, au Roy d'Espagne, ensemble de la mort du fils
du Roy. En l'an mil deux cens quatre vingt deux, les
Vespres Siciliennes furent executez sur les François
le iour de Pasques, ou selon les autres, le trentiesme de
Mars ou traiziesme d'Auril : dont Charles oncle du Roy
en presenta le combat à Pierre d'Arragon, autheur d'i-
celles, qui le refusa. Apres ce, le ROY ayant fait espouser Ieanne, fille vnique du feu Roy Henry de Nauarre :
à son fils aisné Philippes, dressa son armee pour la conqueste du Royaume d'Arragon, qui auoit esté dóné par
le Pape audit Charles de Valois, second fils de Philippes, lequel conquesta la Comté de Roussilon, puis la ville de Gennes. Et apres auoit occis en vne embuscade le
Roy d'Arragon, se fit rendre la ville de Gironne : il alla mourir en la ville de Parpignan, d'vne maladie qui le
saisit en son camp, l'an mil deux cens quatre-vingt
cinq, le sixiesme d'Octobre.

Ie porte la palme & le glaiue,
Prest à la guerre & à la tréue.

De Philippes quatriesme du nom, dit le Bel,
XLVI. Roy de France.

PHILIPPES le Bel, se nommant ià Roy
de Nauarre, succeda à son pere à la Couronne, l'an mil deux cens quatre vingt
six. Et apres auoir ramené son armee de
Parpignan, fut sacré à Rheims le sixiéme
Ianuier. Il fit bastir le Palais à Paris. En ce temps E-
doüard Roy d'Angleterre faignant mener son armee
au secours de la ville d'Acre que les Sarrazins tenoient
assiegee, fit quelques courses sur les villes maritimes
de Normandie, & pensa prendre la Rochelle: dont s'en

enſuiuit la ſeconde guerre que les François eurent cõ-
tre les Anglois, leſquels nonobſtant qu'ils ſe fuſſent
alliez auec l'Empereur Adolphe, furent villainement
eſtrillez, tant par Charles de Valois, où le ſieur de ſaint
Iean fut pris, que par Robert d'Artois, qui gaigna la
victoire ſur la nouuelle armee qu'Emond frere du Roy
d'Angleterre auoit amenee a Bayonne : meſme le Comte de Flandres, qui s'eſtoit declaré pour l'Anglois, perdit la bataille pres Furnes contre le Comte d'Artois,
lequel s'alloit ioindre aux François, qui tenoient aſſie-
gee la ville de l'Iſle.   Et les ſieurs de Montmorency &
Harcourt prindrent la ville de Douures. Ce que voyant l'Anglois, fut contraint de demander trêues, leſquelles furent conuerties en paix par le mariage de madame Marguerite de France, fille du Roy Philippes, au
Roy d Angleterre. Puis l'Empereur Albert & le Roy
firent accord entr'eux pour la conſeruation de leurs
Roiaumes contre toutes perſonnes. Quelque temps a-
pres le Pape eſtant indigné contre le Roy enuoia vne
bulle en France par l'Archeueſque de Narbonne, in-
terdiſant le Roy, laquelle fut bruſlee en la court du Palais. En ce temps les Flamens occirent les garniſons
Frãçoiſes : dont le Roy irrité enuoia ſon armee à Cour-
tray, laquelle fut par eux desfaite. Cependant le Roy
enuoia les ſieurs Tarra Colonois, & Nogareth, auec
deux cens cheuaux en Italie, leſquels donnerent telle
fraieur au Pape, qu'il ne mourut. Le Roi auſſi print telle vengeance des Flamens pres le mont de Pouïlle, que
il en desfit. 36. mille. Puis le Roi aiant ſuprimé l'ordre
des Templiers, & fait bruſler Iacques de Molai, ou de
Beaujeu, grand Maiſtre de l'Ordre deceda à Fontaine-
Bleau, l'an mil trois cens quatorze. Il giſt à ſaint Denis.

Ie porte quant & moi (semblable à la tortuë)
Mon fort, soit que i'arreste, ou soit que ie remuë.

De Loüys, dixiesme dit Hutin, XLVII.
Roy de France.

LOVYS dixiesme estant ià de par sa mere
roi de Nauarre, Comte de Brie & Champagne, succeda à son pere l'an 1315. Son Roiaume fut du commencement merueilleuse-
ment troublé de mutineries & seditions populaires,
à raison desquelles il fut surnommé Hutin, qui signi-
fie en vieil langage, mutin & querelleux. Enguerrant
de Marigni, Comte de Longue-ville, fut accusé deuant le Roy par Charles de Valois, oncle du Roy,
d'auoir mal administré les finances, faict charger le

peuple de beaucoup d'impoſitions & faict vne infinité de confuſions , enſemble auſſi d'auoir pris argent
des Flamens , pour leur faire donner paix au deſauan-
tage du Roy : à raiſon dequoy il fut pendu & eſtranglé
au gibet de Paris , qu'il auoit faict baſtir. Apres ce , le
Roy ſe fit ſacrer a Rheims , le iour de l'Aſſumption
noſtre Dame : puis mena ſon armee contre les Flamens , leſquels il fit retirer du ſiege de la ville de l'Iſle.
Et à ſon retour il arreſta la Cour de Parlement à Paris , afin que les plaideurs ne fuſſent plus diſcommo-
dez de changer ſi ſouuent de lieu. L'an enſuiuant le
Comte de Flandres vint trouuer le Roy à Pontoiſe,
pour traiter de paix auec lui. Cependant Louys Comte de Neuers ſon fils ſe voulut ſaiſir de la Flandre , ſi
les Flamens ſe fuſſent voulu accorder auec lui : qui
fut cauſe de faire retourner ſon pere , apres auoir promis au Roy de faire ratifier aux Flamens ce qu'il a-
uoit traité auec lui. Sur cela le Roy fut ſurprins d'vne
maladie au bois de Vincennes , de laquelle il deceda le
cinquiéme de Iuin , au dix-huictiéme mois de ſon regne, laiſſant ſa ſeconde femme Clemence enceinte, qui
accoucha d'vn fils le quatorziéme de Nouembre, qui
fut nommé Iean: lequel ne veſquit que huict iours , ne
demeurant aucun de la lignee du Roy, que Ieanne, qu'il
auoit euë de ſa premiere femme fille de Robert Duc
de Bourgõgne, par laquelle Eudes Duc de Bourgongne
ſon oncle voulut debattre le Roiaume. Mais Philippes
le Long , frere germain du defunt oppoſant la Loy &
couſtume de France au droit de ſa niepce, ſe fit adiuger
la Couronne.

DE PHILIP-

A la vertu bien s'appareille
Du parlér la douce merueille.

De Philippes cinquiéme du nom, dit le Long,
XLVIII. Roy de France.

PHILIPPES le Long, n'estant encores la coutrouerse du droit de la Couronne termi-
née entre luy & sa niepce, fille de Loys Hu-
tin, qu'Eudes son oncle soustenoit, il s'en alla auec maint armée à Rheims : où il se fit sacrer par
l'Archeuesque du lieu le iour des Roys, l'an mil trois
cens dix-sept. Puis il s'en vint à Paris. Auquel lieu
ayant fait venir à luy Robert Comte d'Arthois, le fit
renoncer au droit qu'il pretendroit en ladicte Comté,
en laquelle il s'estoit mis par force, en possession au pre-

G

iudice de Madame Mahaut, mere de sa femme. Pendant
ce, Louys Comte de Neuers , fils de Robert Comte de
Flandres, entretenoit de tout son pouuoir les Flamens
en discord auec le Roy : Et pource qu'il ne luy venoit
rendre l hommage & les deuoirs de diligence pour les
Comtez qu'il tenoit en France fut cité pour en venir
respondre par deuant le Roy. Et à faute de comparoistre
toutes ses terres furent saisies. En fin ledit Louys
Comte de Neuers se vint humilier deuant le Roy à
Paris, & obtint main leuee de ses Comtez : puis à la
suasion du Legat du Pape il y eut paix entre le Roy &
le Comte de Flandres, le cinquiesme May, l'an mil trois
cens vingt , en telle sorte que ledit Comte vint faire
hommage de ses terres au Roy de France , & accorda
que Louys fils du Comte Louys de Neuers, prit en mariage madame Marguerite , seconde fille de France,
aux conditions qu'il succederoit au Comté de Flandres apres son ayeul & pere. Au mesme temps aussi fut
traité le mariage d'Isabelle troisiéme fille du Roy, auec
Guy Dauphin de Vienne , qui auoit depuis n'agueres
succedé à Iean so pere au Dauphiné. La premiere auoit
esté mariee à Odon Duc de Bourgongne. Apres ce, le
Roy fit cesser toutes les actions qui se faisoyent sur
son peuple par le conseil de quelques vns, qui corrom-
poyent son bon naturel. Et comme il deliberoit aussi
de faire , que par tout son Royaume n'y eust qu'vn
poids, qu'vne mesure , & vne mesme espece & prix
de monnoye, la maladie le prit, qui l'empescha d'ame-
ner ses dessains à fin, de laquelle il deceda le troisiesme
Ianuier, l'an mil trois cens vingt deux,

Du Roy Iean, fils de Louys Hutin dixiéme.

L O V Y S dixiéme dit Hutin, eut deux femmes, sçauoir Marguerite fille de Robert
Duc de Bourgongne, de laquelle il eut vne
fille nommee Ieanne qui fut mariee depuis
à Philippes Comte d'Eureux, fils de Louys
de France, frere du deffunct Roy Philippes le Bel, &
par ce moyen le Royaume de Nauarre entra en la
famille des Comtes d'Eureux : & Clemence sœur de
Carlobert Roy de Hongrie, laquelle lors de son decez il delaissa enceinte d'vn fils, qui fut nommé Iean:
& d'autant qu'il mourut en fort bas aage sans auoir

esté couronné, n'a esté cy deuant mis au rang des
Rois de France. Toutesfois puis qu'il estoit le vray legitime,& vnique heritier du Roy Louys Hutin,il me-
rite d'auoir le tiltre royal,& d'estre inseré au nombre
des Roys,veu mesme que mourant il fut porté à S. Denis en France,auec solemnité & pompe royale : Messieurs ses oncles & cousins assistans aux funerailles, où
il fut proclamé mort comme roy de France & de Na-
uarre.Pendant que la Royne Clemence estoit grosse,
incontinent apres le decez de Louys Hutin, fut dit par
ordonnance de la Cour de Parlement , que monsieur
Philippes de France Comtes de Poictiers,seroit Regét
du Royaume , iusques à ce que le fruict venant de la
Royne,s'il estoit masle , fut en l'aage de dix-huict ans,
& pource il portoit en ses tiltres: Philippes fils du Roy
de France,& Regét des Royaumes de France & de Na-
uarre.Et ainsi fut la Regence donnee au plus prochain
Prince du sang , d'autant qu'il estoit le plus pres pour
succeder à la Couronne.   Apres la mort du Roy Iean,
qui ne vesquit que huict iours , ou au plus que vingt
iours selon aucuns y eut quelques disputes entre les
Princes du Royaume , les vns defendans le droit mal
fondé de Ieanne fille de feu Louys Hutin, & les autres
s'arrestans sur la iustice de la Loy Salique, non encores
violee en France,qui ordonne, n'y ayant hoir masle du
Roy, que le plus proche du sang du costé masle, vienne
à la Couronne, & en exclud les filles , & defendans
d'elle quoy qu'ils soyent masles. Mais en fin le Parlement des Pairs & conseil de France, iugea que Philip-
pe le Long oncle du feu Roy Iean , estoit le vray & legitime heritier du Royaume,qui fut le premier debat &
different touchant la Loy Salique.

Le rameau d'or croit en la France,
Lors que l'vn manque, vn autre auance.

De Charles quatriesme du nom, dit le Bel,
XLIX. Roy de France.

HARLES Comte de la Marche, frere de
Philippes le Long, & de Louys Hutin, paruint de mesme droit à la Couronne, que
son frere Philippes, lequel ne laissa aucun
hoir masle. Il fut couronné le douziesme
Feurier mil trois cens vingt-deux. Il fut seuere iusti-
cier, gardant le droit à vn chacun voulant que toutes
choses fussent conduites & gouuernees par la force des
loix, & par l'authorité des Magistrats. Suyuant laquelle
maxime il fit faire le procez à Iordain de l'Isle, grand

Seigneur, attaint & conuaincu d'vne infinité de cri-
mes: & fut pendu & estranglé, quoy qu'il eust espousé
la niepce du Pape Iean, & selon les autres sa mere ou
belle mere. En ce temps deceda Louys Duc de Neuers,
fils aisné de Robert Comté de Flandres, lequel deceda
incontinent apres. Au moyen dequoy Robert, fils
puisné dudit Robert Comte de Flandres, entra en different pour la Comté à l'encontre de Louys son nepueu,
fils du Comte de Neuers : & pour raison de ce, y eut
procez intenté au Parlement de Paris qui fut vuidé au
profit du nepueu. Puis la guerre se commença entre les
François & Anglois, en l'an mil trois cens vingt-quatre, à l'occasion de ce que le sieur de Montpesac voulut,
au preiudice du Roy, fortifier vn chasteau en Gascongne sur les limites de France. A raison dequoy le Roy
y enuoya Charles Comte de Vallois, son oncle, qui
s'acquita si heureusement de ceste charge, qu'il remit
és mains du Roy toutes les villes & places de la Gascongne, qui sont deçà la Garonne, excepté Bordeaux,
Bayonne, & saint Senes. Puis ayant octroyé tréues aux
Anglois, mourut en Decembre mil trois cens vingt
cinq, comme aussi depuis deceda le Roy au bois de Vincennes, le premier de Mars, laissant Madame Ieanne
d'Eureux sa femme enceinte, laquelle depuis accoucha
en Auril mil trois cens vingt-huict, d'vne fille nommee Blanche. Il a esté le premier des Roys qui a accordé & permis au Pape de leuer decimes sur les Eglises de
France (ce qui n'auoit encore esté fait) afin d'auoir part
au gasteau.

Ne brusle du feu de vengeance,   Car celuy qui veut se vanger
Apprend vn iour qu'a mesme outrance,   Vn autre le peut bien ranger.

De Philippes de Vallois, VI. du nom L.
Roy de France.

PHILIPPES Comtes de Vallois, fils du feu Comte Charles, & cousin germain des trois Rois precedens, succeda à la Couronne, par representation de son pere, excluant Louys d'Eureux son oncle, (lequel toutesfois i'estime qu'il estoit ià decedé.) Et fut confirmé par les Estats, nonobstant aussi qu'Edoüard Roy d'Angleterre pretendit la Couronne, à cause de sa mere, qui estoit fille vnique de feu Philippes le Bel. Il gaigna vn belle bataille contre les Flamens, qui s'estoyent reuoltez contre leur Duc: & contraignit le Roy d'An-

G iiij

gleterre faire l'hommage de la Duché de Guyenne , &
autres terres qu'il tenoit de la Couronne: lequel en haine de ce reçeut Robert d'Artois, Comte de Beaumont,
banny de France, pour vne fausseté auerée contre luy:
à la suasion duquel l'Anglois s'estant allié de tous les
Princes de l'Empire , duquel mesme il obtint le Vica-
riat, commença la guerre contre le Roy en Xaintonge,
l'an mil trois cens trente sept. Puis il fit reuolter les
Flamens contre leur Duc, par vn Iacques Arteuel arti-
san. Les François qui estoyent en la ville de l'Isle desfirent au commencement les Flamens & Anglois : mais
depuis ils furent honteusement déconfits au port de
l'Ecluse , voulant empescher l'Anglois de se ioindre
aux Flamens. Et apres ceste desfaite alla planter son
camp deuant Tournay , où il fut l'espace de cinquante
iours: pendant lesquels la mere du Comte de Haynaut
moyenna les tréues entre l'Anglois & le Roy de France, lesquelles ne durerent pas long temps , pource que la
guerre se ralluma incontinent entre les deux Roys : à
cause que le Roy de France auoit fait executer Olluier
de Clisson, coulpable de trahison. En laquelle guerre
le Roy perdit la bataille de Crecy pres Abeuil-
le, où la pluspart de la Noblesse de France fut tuee,
& depuis la ville de Calais prise. Apres ce, le Roy aiant
espousé en secondes nopces Madame Blanche , fille de
feu Philippes Roy de Nauarre , & reçeut le Dauphiné
de Humbert , ensemble le pays & ville de Montpellier,
par achat qu'il en fit du Roy de Maillorque , alla deceder à Nogent le Roy , le vingt-trois ou ving huict
Aoust mil trois cens cinquante , laissant Iean Duc de
Normandie, & Philippes Duc d'Orleans.

Eſtoille guide-Roys par qui le Prince arriue,
Au bors du Dieu naiſſant de ce bien ne me priue.

De Iean premier ou ſecond du nom cinquante &
vnieſme Roy de France.

EAN, premier du nom, ſucceda à la couronne de France, & fut ſacré à Rheims le
vingt-ſixiéme Septembre mil trois cens
cinquante. Au commencement de ſon regne il fit trancher la teſte à Meſſire Raoul
de Neſle, Conneſtable de France, Comte d'Eu & de
Guines, pour trahiſons: & en ſon lieu inſtitua Charles
d'Eſpagne, Comte d'Angouleſme. Les tréues eſtant
faillies auec l'Anglois, print ſur luy S. Iean d'Angely,
& à ſon retour inſtitua l'ordre de l'Eſtoille, en la noble
& royale maiſon de S. Ouën. Apres Charles Roy de

Nauarre, gendre du Roy Iean, fit maſſacrer le Conneſtable le 6. Ianuier mil trois cens cinquante trois, par vne ialouſie qu'il conceut contre luy, Meſſire Iacques de Bourbon fut ſubſtitué en ſon lieu. Cependant le Roy de Nauarre, à qui le Roy auoit pardonné, au lieu de recognoiſtre ſa faute, machine contre l'Eſtat du Roy; ce qu'eſtant deſcouuert, s'allie du Roy d'Angleterre. Au moyen dequoi le Roi Iean l'ayant ſurpris en la ville de Rouen, l'enuoia priſonnier à Paris : dont Phillippes de Nauarre ſon frere, indigné, fit venir l'Anglois en Normandie, à l'encontre duquel le Roy ſe voulant acheminer, eſt contraint tourner bride contre le Prince de Galles en Poictou : où aiant perdu la bataille par vne temerité, il fut fait priſonnier. Cependāt les Pariſiens ſe mutinerent à la ſuaſion d'vn Eſtienne Martel, contre le Dauphin, lequel prit la Regence du Roiaume, & appaiſa la mutinerie, aiant premierement rendu les places de la Normandie au Roi de Nauarre, qui eſtoit ſorti de priſon. Puis par traité fait a Bretigni le 8. May mil trois cens ſoixante, la paix fut faite auec l'Anglois, & ratiſiee à Calais, le 24. Octobre. Cependant Philippes Duc de Bourgongne deceda à Rouure pres Dijon, ſans aucuns enfans. Au moien dequoi le Roi Iean ſe declara ſon heritier. Puis le Roi Iean s'eſtant croiſé en intention de faire vn voiage outre mer, s'achemina premierement à Londres, pour faire vne bonne paix auec l'Anglois : où il deceda le 8. ou 9. Auril mil trois cens ſoixante quatre, laiſſant Charles Dauphin, Louys Duc d'Anjou, Iean Duc de Berri, & Phillippes le Hardi Duc de Bourgongne.

La prudence iointe à la force,
Pour vaincre est vne douce amorce.

De Charles, v. du nom, dit le Sage, LII. Roy de France.

CHARLES cinquiesme, surnommé le Sage, fut couronné le 19. Mars, 1362. Il gaigna à son aduenement à la Couronne vne fort memorable victoire sur les Nauarrois, sous la conduite de Messire Bertrand du Guesclin : en faueur dequoi la Comté de Longueuille lui fut donnee. De là icelui du Guesclin s'en alla au secours de Charles de Blois, à qui Iean de Montfort, sous l'appui des Anglois, auoit recommencé la guerre pour la Duché de Bretaigne: où il fut pris, combatant vaillamment deuant le chasteau d'Aulroi contre Iean Chandos,

Connestable d'Angleterre : mais la paix estant faicte
entre le Duc de Montfort & la Comtesse de Blois, le
Roy pareillement fit la paix auec les Nauarrois : puis
enuoya ledit du Guesclin au secours de Pierre, Roy
d'Arragon, qui faisoit la guerre à Pierre Roy de Castille, en faueur de Henry, Sauce, & Telco, freres naturels d'icelui, & aussi pour venger la mort de Blanche,
fille du Duc de Bourbon sa femme, qu'il auoit fait
mourir. Pierre de Castille estant deietté de son Roiaume, & en son lieu Henry substitué, se retire par deuers
le Prince de Galles, lequel le remit en son Estat : puis
retournant en Guyenne, il imposa sur ses subiects des
foüages & imposts non accoustumez, qui fascherent
tellemét les Seigneurs d'Armaignac & d'Albert, qu'ils
en appellerent au Roy de France, comme à leur sou-
uerain Seigneur. Ce qui causa au Roy Charles de pre-
ster l'aureille à Henry, qui lui faisoit offre de tenir son
Roiaume de Castille de lui, s'il lui vouloit aider à le
reconquerir. Au moyen dequoy le Roy lui enuoya
Guesclin lequel gaigna six batailles sur son ennemy, &
en la sixiesme, Pierre de Castille fut pris par le Seigneur de Villaines, Cheualier François : duquel Henry l'acheta & le fit mourir, iouyssant du Roiaume de
Castille. Cependant pour ce que le Roy receut l'appel
des Seigneurs de la Gascõgne, le Prince de Galles luy
denonce la guerre : laquelle le Roy conduit si bien par
ses freres, que reparant les pertes de son pere & ayeul
receuës par les Anglois, reconquit la Guyenne, Poictou, & la Bretaigne : & deceda e Septembre, mil trois
cens quatre vingt, Laissant Charles & Louys sous la
tutelle de leurs trois oncles.

Ferne d'vn coup, non du tout vain.
Trois serpens d vne seule main.

De Charles, sixiesme du nom, LIII.
Roy de France.

HARLES sixiéme, aagé enuiron de quatorze ans, fut couronné le 1. de Nouembre
mil trois cens quatre vings. Au commence-
mént de son regne reçeut l'hommage de la Duché de
Bretaigne, & contraignit les Gaulois de retrer en l'o-
beissance de leur Duc : comme aussi il chastia les Parisiens qui s'estoient mutinez pour les daces & imposts,
prenans pour signe de leur faction des maillers, döt ils
furent appellez Maillotins. Pendant ce temps Pierre de
Craon blessa la Connestable de Clisson, dont le Roy
en voulant prendre vengeance, tomba en frenesie. Au

moyen dequoi le Royaume fut mis entre les mains des
Ducs de Berry & Bourgongne , lesquels ayans la dent
sur ledit Clisson , le firent par arrest de Parlement pri-
uer de son Estat, & bannir du royaume. Le Roi d'Angleterre espousa Madame Isabel fille aisnee du Roy
Charles : au moyen dequoi tréues furent accordees
pour 30. ans entre les François & les Anglois. Mais
depuis le Roi Richard ayant esté occis , elle fut renuoyee en France sans douaire à raison dequoi le Duc
d'Orleans presenta le combat de sept François contre
sept Anglois en champ clos , que les François gaigne-
rent. Lors aussi pour quelques rancunes & dissentions
entre la maison de Bourgongne & d'Orleans , pour le
gouuernement du Roiaume, Iean fils aisné du deffunct
Comte de Bourgongne , fit tuer le frere du Roy Duc
d'Orleans, le 22. Nouembre 1407. dont sortirent tous
les desordres qui aduindrent depuis en France : ou moyen desquels le Roi d'Angleterre ayant gaigné la memorable bataille d'Azincourt : continua la guerre par
l'espace de 29. à 30. ans, pendant lesquels print Roüen,
& quasi toute la Normandie. En ce temps aussi le Duc
de Bourgongne fut tuë en parlementant sur le pont de
Montereau Faux-Yonne, par ceux qui accompagnoiét
le Dauphin , lequel pour raison de ce fut desherité par
Charles son pere , lors mal-ordonné de son entendement: & en son lieu institua Henry Roi d'Angleterre,
auquel par la paix il auoit donné Madame Catherine
de France en mariage, & lequel s'empara du gouuernement de France, ensemble de Paris , faisant la guerre au
Dauphin iusqu'à sa mort: lequel fut tost suiuie de celle du Roy , ayant auparauant consenti que le Duc de
Berfort fut regent en France pour le ieune Roi Henry, qui estoit encores au berceau.

L'Ange vous bat, que tardez-vous Anglois?
Fuyez bien loin des murs Orleanois.

De Charles, VII. du nom, LIIII. Roy de France.

CHARLES septiesme, apres le decez de son pere, commença à se nommer Roy de France, nonobstant que son pere l'eust desherité & baillé à Henry Roi d'Angleterre. Au commencement de son regne, ayant fait Connestable le Comte Artus, frere du Duc de Bretaigne, l'enuoya contre les Anglois, qui occupoyent quasi toute la France, & tenoyent Orleans assiegé, contre la promesse qu'ils auoyĕt fait à leur Duc, pour lors prisonnier en Angleterre : au moyen dequoi le Roi y fit entrer le Comte de Dunois, bastard d'Orleans, Pothon,

Hire, vaillans Capitaines , pour la defendre. En ce
temps les François perdirent la baille des Harens:
dont le Roy faché, & ne sçachant à quel S. se voüer,
fut encouragé par Ieanne la pucelle , laquelle miraculeusement chassa les Anglois de denant Orleans : &
ayans reprins plusieurs villes, & gaigné la bataille pres
Patay , & mener couronner le Roy à Rheims, fut prise
en vne saillie qu'elle fit de Compiegne sur l'Anglois,
& bruslee viue à Rouen. En fin la paix estant faite entre le Duc de Bourgongne & le Roy de France , chasserent premierement les Anglois de Paris dix-neuf
ans apres la prise d'icelle , en laquelle le Roy fit son
entree le douziesme de Nouembre, l'an mil quatre cens
trête sept, à l'êcôtre duquel quelque têps apres fut faite vne factiõ appellée la Praguerie. Les querelles aussi
d'entre la maison d'Orleans , & celle de Bourgongne,
furent esteintes par le mariage de Charles Duc d'Orleans, à Marie de Cleues , niepces du Duc de Bourgongne. Les Anglois mesmes arresterent trefues entre les
François : mais la trefue ayant este rompuë par vn Capitaine Anglois, qui prit d'Emblee le chasteau de Fou-
geres, le Roy employa le verd & le sec, pour denicher
les Anglois de France : & pour ce institua les Francs
archers, & commença par la Normandie , qu'il reduit
en son obeissance : puis la Guyenne , auec la ville de
Bordeaux: defaçon que les Anglois ne peurent retenir
autre chose deçà la mer , que Calais & la Comté de
Guynes. Le Roy iouyssant de ce repos de paix , fut
troublé par l'absence du Dauphin, lequel six ans y auoit
s'estoit retiré par deuers le Duc de Bourgongne, & depuis en Brabant, où il demeura iusques au decez de son
pere, qui aduint le vingt deuxiéme de Iuillet, mil quatre cens soixante & vn.

De LOVYS

Pour dompter la terreur des demons & de l'onde:
Qui nous peut plus aider que cest Archange au monde?

De Louys onziesme du nom, cinquante cinquiesme
Roy de France.

LOVYS onziéme, partans de Brabant & de
Picardie s'en vint accompagné du Duc Philippes de Bourgongne, & du Duc Charol-
lois son fils pour se faire couronne Roy de
France, le 15. Aoust, 1461. Les Princes se
voyans mesprisez, mesme Monsieur Charles son frere,
s'esleuerent contre lui, sous couleur du bien public,
lui donnant ceste memorable bataille de Monthelery,
le 15. Iuillet 1465. Le Roi pour dissiper leurs force,
suiuant le conseil du Duc de Milan, donna la Norman-

H

die à son frere, laquelle depuis il retira par ses gentilles
pratiques mais en fin fut contraint par le Duc de Bourgongne , de donner à son frere monsieur Charles les
Comtez de Champagne, & Brie , lesquels depuis il es-
changea à la Duché de Guyenne, pour par ce moyen le
tirer arriere du Duc de Bourgongne. Puis s'estant ap-
pointé auec François Duc de Bretaigne , commença à
remuer mesnage contre le Duc de Bourgongne, retirát
les villes de la riuiere de Somme , & depuis contre
son frere monsieur Charles , pour retirer la Duché
de Guyenne, lequel mourut incontinent, non sans
soupçon de poison. Puis il fit vn traitté de trefues à
Bouuines auec les Ducs de Bretaigne & de Bourgongne, pour attraper le Connestable S. Paul , qui auoit
tramé toutes les dissentions depuis la bataille de Mont-
lehery. Cependant le Roy mit le Duc de Bourgongne
en mauuais mesnage auec l'Empereur Frederic & le
Duc de Lorraine le faisant cósommer au siege de Nus.
Puis il s'empara de plusieurs villes sur le Bourguignon,
qui auoit appellé l'Anglois en son aide , auec lequel le
Roy fit le traité de Piquigny, par lequel Charles, fils du
Roy, deuoit espouser la fille de l'Anglois, eux venans
en aage , ce qui causa au Bourguignon faire paix auec
le Roy, & lui liurer le Connestable. Le Bourguignó fut
tué deuant Nancy, laissant vne seule fille , Marie, laquelle fut mariee à Maximilian, fils vnique de l'Empereur Frederic : à raison dequoy le Roy retira tout le
pays de la riuiere de Somme , auec la Duché & Comté
de Bourgongne, mais depuis le Prince d'Orange fit reuolter la Franche Comté. Apres ce, le Roy print alliá-
ce auec les Suisses , & reçeut la Comté de Prouence
par donation de René Duc d'Anjou. Puis le Roy ayát
faict le mariage de Charles son fils auec Marguerite de
Flandres, deceda le 30. Aoust 1483.

Cesar aux Cerfs donne la liberté,
Et ie leur donne vn los d'eternité.

De Charles huictiesme du nom, cinquantesixiéme
Roy de France.

Harles, VIII. du nom, aagé de 13. ans paruint à la couronne sous le gouuernement
de Madame de Beauieu sa sœur , & du
Duc de Bourbon son mary. Donc le Duc
d'Orleans, plus proche de la couronne , &
qui auoit espousé son autre sœur. indigné, fit assembler
les Estats à Tours. Cependãt, le Duc d'Orleans voyant
que madame de Beauieu manioit toutes les affaires
du Royaume, se retira en Bretaigne : à raison dequoy
le Roy lui fit la guerre, & gaigna sur luy la bataille de

sainct Aubin, demeurans prisonniers le Duc d'Orleans
& le Princes d'Orenge. Apres ce, le Duc de Bretaigne
deceda, laiſſant ſa fille vnique Anne heritiere, laquelle
nonobſtant qu'elle euſt eſté promiſe à Maximilian
Roi des Romains, elle fut mariee au Roi, à raiſon dequoi l'Anglois lui voulut faire la guerre en faueur de
Maximilian: mais il fut accordé que le Roi r'enuoie-
roit la Princeſſe Marguerite auec les places du pays
d'Artois & de Bourgongne. Puis aiant rendu la Comté
de Rouſſillon à l'Eſpagnol, à la ſuaſion de ſon confeſ-
ſeur, alla recueillir la ſucceſſion que le feu Roi René
de Sicile, & Charles Comte du Maine ſon frere, lui
auoyent laiſſé par teſtament és droicts qu'ils pretendoient au roiaume de Naples. Il fut ſalué en chemin
en la ville d'Aſt par Ludouic Sforce, dit le More : &
depuis eſtant entré en la Toſcane, par Pierre de Medicis, qui lui mit entre mains les fortereſſes de Florence,
auec la cité de Piſe, de là s'achemina à Rome, où il entra nonobſtant le refus du Pape Alexandre 6. lequel
moiennant l'occord qu'il fit auec lui, lui donna le tiltre d'Empereur de Conſtantinople, l'inueſtit du Roi-
au me de Naples: où le Roi ayant fait ſon entree le 13.
de May mil quatre cens quatre vings quinze, fut couronné Roi de Sicile. Dont les Monarques & Potentats
d'Italie eſtonnez le voulurent charger à ſon retour à
Fournoüe: Mais le Roi leur aiant paſſé par deſſus le ventre, retourna en France. Où aiant entendu la perte du
royaume de Naples, & eſtant en deuotion de faire vn
ſecond voiage en Italie, pour recouurer ſa perte, deceda
d'vne apoplexie, qui lui print voiant ioüer à la paulme,
dans le chaſteau d'Amboiſe, le 7. Auril, mil quatre cens
quatre vings dix-huict.

Le porc épic, chargé d'vne couronne,
Prompt à s'armer la veugeance s'ordonne.

De Louys douziefme du nom, cinquante-septiefme
Roy de France.

L OV Y S douziéme succeda, selon la couftu-
me de France, à Charles 8. decedé fans hoirs,
& fut couronné le vingt-septiefme May. Il
repudia madame Ieanne de France, pour fon
indifpofition à conceuoir enfans, print à femme Madame Anne de Bretaigne, vefue du Roy deffunct. Puis
s'eftant affeuré de Milan, Genes, & la Lombardie par
la prife de Ludouic Sforce, fit accord auec le Roy d'Efpagne, auec lequel il conquift le Royaume de Naples,
lequel depuis fut perdu pour les François, par la trom-

perie & infidelité des Espagnols. Depuis le Roy ayant
donné la part qu'il pretendoit audit royaume, à Ferdi-
nant Roy d'Arragon , en faueur du mariage de madame Germaine de Foix, fille d'vne sienne sœur, fait accord auec l'Empereur Maximilian & le Pape , contre
les Venitiens, contre lesquels gaigna la bataille le 15.
May, 1509. sans aucun secours de la Ligue. Il desfit
aussi le Pape qui s'estoit declaré contre les François
& prit quelques places au Duché de Ferrare , donnant
occasion au Duc de reprendre ce que l'on luy auoit
osté : comme aussi Gaston de Foix Lieutenant pour le
Roy , fit leuer l'armee du Pape de deuant Boulongne,
& secourut le Chasteau de Bresse , que les Venitiens
tenoient assigé, apres auoir desfaict leur armee , de là
alla mourir deuant Rauenne, ayant gaigné la bataille.
Le Seigneur de Palisse fut substitué en son lieu , qui
la saccagea. A raison dequoy l'Empereur, & l'Anglois
se ioignans au Pape reprindrent plusieurs villes sur les
François : l'Espagnol r'entra dans le Royaume de Naples. Dont le Roy Louys irrité enuoya le Duc de Longueuille auec vne armee , pour remettre les Nauarrois
en son royaume : mais il fut contraint de retourner sans
rien faire : qui fut cause que le Roy voulant r'entrer en
son Duché de Millan s'appointa auec l'Espagnol & le
Venitien, puis enuoya le Seigneur de la Trimoüille a-
uec son armee en Italie : dont il fut chassé par les Suisses. Cependant le Roy d'Angleterre vint assieger Theroüenne, où il fut fait la iournee des esperons, apres laquelle le Roy Louys estant veuf, espousa la fille du Roi
d'Angleterre : auec lequel estant en paix comme le Roy
dressoit son armee pour passer en Italie fut preuenu de
mort, le premier iour de l'an 1515. Il fut appellé pere
du peuple.

Salamandre ton feu fait tourner en arriere,
L'Ours cruel, le Serpent, auec l'Aigle legere.

De François premier du nom, LVIII. Roy de France.

FRançois de Vallois, Duc d'Angoulesme
comme plus proche en ligne colateralle &
masculine, succeda à Louys 12. decedé sans
hoirs masles. Il fut sacré à Rheims le 25.
Ianuier 1515. auquel temps Charles de Bourbon fut
fait Connestable de France. Le Roy ayans pris Prosper Colonne, & eut deux batailles contre les Suisses
prit Milan. Depuis les Milanois, à la suasion du Pape
Leon, se reuolterent & incontinent apres Charles de
Bourbó prit le parti de Charles cinquiéme Empereur.
Le Roy accompagné du Mareschal de Chabanes ayant

remis la Duché de Milan en ses mains alla assieger Pauie, où il fut pris: & par le traitté de Madric, l'an 1525. renuoyé en France.   Cependant Charles de Bourbon fut mis à mort eschellant les murs de Rome , laquelle fut prise des Espagnols auec le Pape.   L'an 1529. fut conclu le traitté de Cambray , & les enfans de France ramenez en France auec Madame Alienor.   Le Roy parlementa auec le Pape par ambassades à Marseille, où fut fait le Mariage de Henry, Duc d'Orleans , auec la Comtesse de Boulongne niepce du Pape.   Apres ce, le Roi enuoye le Seigneur de Montmoréci contre l'Empereur qui vouloit descendre vers Marseille, qui le fit retirer en Espagne.   Depuis il assaillit la France, du costé de Picardie & enuoia vne autre armee en Piedmont à l'encontre de laquelle le Roi enuoia la sienne, laquelle prit Suse, Villane, Montcallier, qui fut cause des tréues de Nice pour dix ans: durant lesquelles l Empereur passa par France pour aller en Flandres, pendant ce, Cesar Fregose, & Anthoine Rincon , Ambassadeurs pour le Roi vers le Turc , sont mis à mort par les Imperialistes.   Au moyen dequoi le Roi s'estant accordé auec le Duc de Cleues contre l'Empereur : prend Luxembourg, Landreci, & autres places. Ce que voyant l'Empereur , assiege en vain Landrecy.   D'autre costé , le Seigneur d'Anguien, Lieutenant pour le Roi en Piedmont, ayant gaigné la bataille de Cerisolles, prend Carignan. Dequoy l'Empereur aduerti, voulut s'acheminer à Paris auec son armee : mais voyant les François, en plus grand nombre, demanda la paix , qui fut publiee à Paris, ce fait le Roi entend à la guerre contre l'Anglois au Boulenois, auec lequel depuis ayant fait paix alla deceder à Rambouillet , le dernier iour de Mars 1547. Il gist à Sainct Denis.

Que reste-il plus à ma grandeur.
Que dominer ceste rondeu?

De Henry II. du nom, LXIX. Roy de France.

H E N R Y second succedant à la Couronne, à pareil iour qu'il fut nay, est sacré & couronné à Rheims, en Aoust, mil cinq cens quarante sept. il enuoie en Escosse le Seigneur d'Essé, pour la deffence du pays: & fait bastir vn fort vis à vis de celui de Boulongne. Incontinent apres la commune de Guienne se mutine pour la gabelle pendant que le Roy estoit en Piedmont d'où estant de retour en France, les fit chastier par le Connestable, & fit son entree à Paris : declara guerre ouuerte à l'Anglois , & renouuella l'aliance auec les Suisses. Le Pape Iules 3. irrité contre le Roy pour la

ville de Parme, inuite l'Empereur à prendre les armes
contre lui, mettant le siege deuant Parme, & la Miran-
dole: à cause dequoi le Roy fit deffence de n'enuoyer en
Cour de Rome pour matieres beneficiales ı & pendant
ce, il s'empara de Quiers, S. Damian, & autres places de
Piedmont. D'autre costé les Bourguignôs & Hannuyers
coururent le pays de Santois au dessus de Peronne: mais
en recompense le Roy s'acheminant en Allemagne, se
saisit par la ruse du Connestable des villes de Mets &
pays Messin, & reçeut le Duc & Duché de Lorraine en
sa protection. Puis s'alla ioindre au Duc Maurice, qui
aiant fussé sa foy, en son retour enuahit le Duché de
Luxembourg auec les villes d'Iuoy, Mont medi, Lumes
Ciuay. Cependant l'Empereur s'achemine au siege de
Mets: d'où il est contraint d'escamper, aiant perdu pres
de trente mille hommes & s'alla ietter sur Theroüenne
qu'il print auec le Chasteau de Hedin, Le Roy d'autre
part prit Mariëbourg, & autres villes aussi en Piedmôt.
Apres ce l'Empereur quittant l'Empire, se retire en Espagne pour viure solitairement: & lors furent trefues
accordées pour cinq ans entre l'Empereur & le Roi de
France, & l'Anglois, lesquels furent de peu de duree.
Car la guerre estant renouuellee entre lesdits Rois, s'en
ensuiuit la iournee S. Laurens, au dommage des François: pour reuenge de laquelle le Roy prit Calais, Guines, Hames, & Comté d'Oie. Puis la paix estant faite
par les mariages du Roi Philippes auec madame Elizabeth de France, & du Duc de Sauoye auec madame
Marguerite sœur du Roi, pendant la resiouissance le
Roy fut frappé en l'œil courant en lice: duquel coup il
deceda aux Tournelles le dixiéme Iuillet mil cinq cens
cinquante neuf. Et gist à S. Denis en France.

Sous deux Ecclipses ie me leue,
Aussi bien prompt mon cours s'acheue.

De François deuxiesme du nom soixantiesme
Roy de France.

FRANÇOIS 2. du nom, Roy d'Escosse de par Marie Stuat sa femme, aagé de 15. ans cinq mois, succeda à son pere Henry, & fut sacré & couronné à Rheims, en Septembre mille cinq cens cinquante neuf par le Cardinal de Lorraine, Archeuesque dudit lieu. Au partir de son sacre, alla connoier son beau frere le Duc de Lorraine, & la Duchesse Claude sa sœur iusques à Barle-Duc: d'où il reprint chemin en France, & s'en alla seiourner quelque temps en la ville de Blois, en laquelle fut reformee toute la suitte de sa maison.

Pendant ce temps, le Preſident Minard fut tué vn ſoir en retournant du Palais en ſa maiſon. Ceſte mort donna fraieur, & fut cauſe de faire defendre les baſtons à feu, & port d'armes. Le conſeiller du Bourg fut bruſlé pour ſa religion. Le Roy aiant fait les preparatifs, enuoie le ſieur de Martigues en Eſcoſſe, pour contenir quelques Eſcoſſois, qui ſous ombre de religion s'eſtoient armez : durant lequel temps Marie de Lorraine doüairiere d'Eſcoſſe, deceda. En ce meſme temps auſſi eſtans quelques Gentils-hommes du Royaume de Frãce aſſemblez en armes pres la ville d'Amboiſe, où eſtoit le Roy (principalement accompagné du Cardinal de Lorraine, & de ſon frere le Duc de Guyſe) furent deſcouuerts en certaine entrepriſe, qu'ils diſoient faire pour le bien public, & pour depoſſeder quelques eſtrangers, qu'ils pretendoient eſtre vſurpateurs du gouuernement du Roiaume contre l'ancienne authorité des trois Eſtats de France : & auſſi pour faire quelques remonſtrances au Roy ſur le fait de la religion : dont il y en eut pluſieurs d'executez à mort, entre leſquels fut le Baron de Caſtelnau. En ce temps mourut le Chancelier Oliuier, & en ſa dignité fut appellé monſieur de l'Hoſpital. Peu de temps apres le Roy alla à Orleans pour y tenir ſes Eſtats: auquel lieu il tomba malade d'vne apoſteme en l'oreille ſeneſtre, laquelle maladie vint bien pour le Prince de Condé, car l'on tient qu'il auoit enuie de lui faire trancher la teſte, le Roy dont mourut le 14. de Septembre 1560. aiant regné enuiron dixhuiɕt mois vingt iours, giſt à Sainɕt Denis.

Il faut que ie deuance Hercules.
Et que ses bornes ie recules.

De Charles neufiesme du nom, soixante & vniesme
Roy de France.

Harles IX. du nom aagé de traize ans succeda à son frere François. Il poursuit l'entreprise de son predecesseur pour les estats, qui
furent commencez le huictiéme Decembre mille cinq
cens soixante à Orleans, depuis mis à fin en la ville de
Pontoise au mois d'Aoust & Septembre, mil cinq cens
soixante vn. Auquel temps il assembla à Poissi, les Prelats de France pour vn Concile national. En Ianuier
suiuant fut permis à ceux de la Religion, de faire Pres-
ches, & autres exercices hors les villes. A raison de-

quoy s'en sont ensuiuis plusieurs troubles en France &
morts de grands Seigneurs: comme du Roi de Nauarre,
qui fut tué deuant Rouen. En la bataille de Dreux, qui
fut donnee le 19. Mars 1562. le Mareschal S. André le
Duc de Guyse tué au siege d'Orleans. Peu de temps a-
pres la ville du Haure de Grace reprise, laquelle auoit e-
sté auparauant liuree aux Anglois. Le Roy   estant declaré maieur au Parlement de Rouen, apres l Edit de
Pacification fait, alla visiter son roiaume, en l'an 1564.
& fut trouuer sa sœur la Roine Catholique d'Espagne
à Bayonne: ou furent faictes de grandes magnificences.
Puis aiant visité la Guyenne, Gascongne, & Poictou,
vint à Moulins, où il fit plusieurs belles ordonnances.
La seconde guerre ciuile suruint : où apres que le Roy
fut eschappé de Meaux, la bataille S. Denis fut donnee,
fut blessé le Connestable, qui fut cause d'vne autre pacification à cause du siege de Chartres: laquelle fut ró-
puë par la 3. guerre ciuile qui dura deux ans : pendant
laquelle fut donnee la bataille de Iarnac,   où fut tué le
Prince de Condé , auec vne autre bataille à Montcon-
tour. Apres laquelle fut fait autre Edit de pacification,
l'an 1570. Puis le Roy print à femme madame Elizabeth d'Autriche, fille de l'Empereur Maximilian. Les
nopces aussi du Roy de Nauarre furent celebrees, l'an
1573. & le 24 Aoust audit ans, l'Admiral fut tué à Paris, auec la plusprt de ceux de la religion, & la Rochelle
fut assiegee: lors y eut pacification pour la quatriesme
fois, par l'election faite en Polongne de la personne du
Duc d'Anjou, frere du Roy : lequel s'estant acheminé
en son royaume de Polongne, fut aduerty du decez du
Roy, qui mourut le 30. May, au bois de Vincennes, l'an
1574. laissant vne fille, qui depuis deceda estant encor
en bas aage. Il gist à saint Denis.

La terre m'a chargé d'vne double Couronne,
Attendant que le Ciel la troisiesme me donne.

De Henry III. du nom, soixante deuxiesme
Roy de France.

ENRY 3. estoit en son Royaume de polongne, lors que son frere Charles 9. mourut. Duquel ayant entendu la mort, il s'en partit secrettement, & arriua à Lyon le 6. Septembre mil cinq cens septante quatre. Il fut sacré à Rheims le treziesme Feburier 1575. & le 15. ensuyuant print a femme Louyse de Lorraine fille du Comte de Vaudemont. puis en l'anne 1576. il fit conuoquer ses estats à Blois, où furent dressées de tressaintes ordonnances, 1577. il fit vn Edit de pacification des troubles de son

Royaume 1578. Il commença à faire baftir le pont des Auguftins. En l'an 1579. Il inftitua l'ordre & milices des Cheualiers du fainct Efprit. Depuis l'Edit de pacification iufques au decez de feu Monfieur fon frere vnique, Duc d'Anjou, fon regne fut fort paifible : mais incontineut apres, fçauoir en l'annee, 1585. fe leua vne pernicieufe faction contre lui & fon Eftat appellé du nom de Ligue, ou fainte vnion, de laquelle eftoit autheur & prometteur le Roy d'Efpagne, afin d'empefcher le paffage de la couronne de France au valeureux Henry Roy de Nauarre, auquel apres le decez du Roy legitimement elle appartenoit. Cefte faction eftoit voilee du fpacieux pretexte de Religion, qui eut telle force que les chefs d'icelle attireret à foy, & à leur deuotion, en peu de temps la plus grande part des meilleures villes du Royaume, & entre autres la capitale ville de Paris, les habitans de laquelle s'eftans barricadez contre le Roy, le 12. de May 1588. Il fut contraint de fe retirer à Chartres, de là à Rouen. Et en fin il conuoqua pour la feconde fois les Eftats à Blois, fur la fin defquels il fit executer a mort les Ducs & Cardinal de Guife. Apres laquelle execution Paris fe reuolta enfemble les principales villes du Roiaume, & prindrent les rebelles pour chef le Duc de Mayenne. Qui fut caufe que le Roy transfera fon Parlement à Tours en Mars 1589. & s'eftant reconcilié auec le Roy de Nauarre, vint pour affieger Paris, & eftant à S. Cloud il fut le 1. iour d Aouft proditoirement frappé au petit ventre d'vn coup de coufteau, par vn mal-heureux moyne Iacobin, dont il mourut le lendemain au milieu de fon armee, ayant regné quinze ans deux mois. Son corps fut porté à Compiegne, où il eft encore de prefent.

DE

Il n'a veu en combat l'Autrúche & l'Espreuier,
Qui n'a veu fous mes pieds mon aduerfaire fier.

*De Henry quatriefme du nom, foixante & troifiefme
Roy de France.*

ENRY quatriefme auparauant Roy de
Nauarre, comme premier de la lignee de
Bourbon, defcenduë de Robert dernier fils
de S. Louvs, fucceda à la couronne de Fráce,
& en fut le foixante troifiefme Roy, affifté
de la Nobleffe & forces de Henry troifiefme fon prede-
ceffeur, par la mort deplorable duquel l'armee s'eftant
diffipee, il fe retira à Dieppe, où il fut affiegé par le Duc
de Mayenne, auec vne puiffante armee, qui fut mife en
route par le Roy, accompagné de peu d'hommes à la

iournee d'Arques le 21. Septembre 1589. & de là vint
prēdre les Faulbourgs de Paris la Vigile de Toussaints.
Puis il reprint Vendosme, le Mans & Falaise. Et le 14.
Mars 1590 il obtint la signalee victoire d'Eury, apres
laquelle il blocqua Paris & S. Denis ; & les reduisit à
telle extremité de famine, qu'en Iuillet S. Denis se re-
mist en son obeïssance , & Paris fut sur le point de se
rendre. En Auril 1591. la ville de Chartres apres vn
long siege luy fut renduë. En Ianuier 1593. commencerent les Estats de la Ligue à Paris, il suiuit la Trēue de
Suresne, pendant laquelle le Roy print Dreux , & peu
apres se fit instruire en la Religion Catholique, Apostolique & Romaine, dont il fit profession publique le
25. Iuillet à S. Denis. Puis la tresue generale commença en Aoust, & dura trois mois, & fut continuee iusques au 1 iour de l'an 1594. Icelle finie le Roy se fit
sacrer & couronner à Chartres par l Euesque du lieu,
le 27. Feurier. De là suiuit la reduction de Meaux,
Lyon, Orleans, Bourges, Roüen, & de Paris, où sa Maiesté fut receuë miraculeusement le 22. Mars , & y restablit son Parlement. Quelque temps apres la ville de
Laon fut assiegee & renduë, à l'imitation de laquelle la
Champagne & la Picardie se reduisirent , & mesmes le
Duc de Guyse. Le Roy estant retourné à Paris fut blessé à la face d'vn couteau , par vn ieune Escolier deses-
peré, nommé Iean Chastel , qui fut tiré à quatre cheuaux le 29. Decembre. Le Roy estant guari de sa bles-
sure fit des Cheualiers du S. Esprit en Ianuier 1595.
Puis la ville de Dijon se reduisit , & presque toute la
Bourgongne. Et au mois de Septembre , le Roy estant
à Lyon, où il fit son entree magnifique , luy furent ap-
portees nouuelles certaines de sa benediction donnee
par le Pape Clement 8. qui fut cause que quelque temps

pres le chemin de Rome fut ouuert, pour l'expedition des benefices de France, comme il estoit auparauant les troubles. Aussi fut publiee la seconde tréue generale, pendant laquelle, la reconciliation du Duc de Mayenne a esté faite, ensemble les Ducs de Ioyeuse & d'Espernon. Au mesme temps le Duc de Montmorency arriua à Paris, & ses lettres de Connestable furent verifiee en Parlement: & sur la fin de l'annee monsieur de Condé premier Prince du sang Royal, aagé de vii. ans peu de mois, fut mené de Poictou au Chasteau de S. Germain en Laye, pour y estre instruit en la Religion Catholique, Apostolique & Romaine, sous la conduite du tres-vertueux Seigneur le Marquis de Pisani, n'agueres Ambassadeur à Rome. Au commencement de l'annee 1596. la ville de Marseille fut renduë à sa Maiesté & au Duc de Guyse Gouuerneur de Prouence. Dont les nouuelles vindrent au Roi, lors qu'il tenoit estroitemét assiegee la ville de la Fere en Picardie, laquelle apres vn siege de huict mois, lui fut renduë enuiron la mi-May, nonobstant les efforts de l'armee Espagnole, conduite par le Cardinal d'Austriche, qui estoit sorti de Flandres en intention de faire leuer ledit siege. Au mois de Iuillet arriua en France monsieur le Cardinal de Florence, issu de l'Illustrissime maison de Medicis, enuoyé par sa Saincteté en qualité de Legat pour pacifier les trouble du Roiaume, & retenir tous les suiects du Roi sous son obeissance: & fait son entree à Paris, le Dimenche 21. dudit mois de Iuillet où il fut reçeu fort magnifiquemét, auec extreme allegresse de tout le peuple, & fut assisté entre les autres de messieurs les Princes de Condé, & de Montpensier, accompagnez d'vn grand nombre de Seigneurs & Gétils-hommes signalez. Le Roi mesmes peu auparauant

l'alla visiter, afin de faire paroistre, cōbien ceste legatiō
luy estoit aggreable , & peu de iours apres luy donna
audience à S. Maur des Fossez, & le traita Royalement,
le faisant disner à sa table , où il fut seruy par les Princes & Officiers de la Couronne. En ceste saison la ville
de Paris fut fort affligee de peste & maladie contagieu-
se. Durant laquelle les grands iours furent tenus en la
ville de Lyon : & le ROY conuoqua & fit assembler
en la ville de Roüen les plus sages & les plus grands de
son Royaume , pour deliberer & luy donner aduis sur
les moyens de restablir la France en sa premiere splendeur, & de remedier aux desordres que la guerre ciuile
y auoit apportez. Les Gouuerneurs des Prouinces, les
principaux Euesques & Prelats , & les chefs des Cours
souueraines de ce ROiaume y furent assemblez dés le
mois d'Octobre : où le Roy fut tousiours en personne
depuis qu'il y eut fait son entree. Et là fut renouuellee
l'alliāce entre luy & la ROyne d'Angleterre par Ambassades extraordinaires , & lors sa Maiesté receut l'ordre
de Cheualerie de S. Georges, autremét dit de la Iartiere,
comme peu auparauāt, l'ordre de Cheualerie de France
fut portee à la ROyne d'Angleterre, par Mōsieur le Mareschal de Boüillon. Monsieur le Legat fut pareille-
mét en ladite assemblee, & s'y achemina en Decembre,
& le premier iour de l'an 1597. le ROy fit la ceremo-
nie ordinaire des Cheualiers du S. Esprit en ladite ville
de Roüen, qui n'auoit esté auparauāt faite ailleurs, qu'à
Paris. Apres la fin de ceste assemblee le Roy reuint à
Paris, & Monsieur le Legat , qui fit publier vn Iubilé
general de pleniere remission par tout le Roiaume , &
pour le gaigner à Paris fut designee la premiere sepmaine de Mars, & le premier iour dudit mois fut faite pro-
cession generale, qui alla depuis nostre Dame iusques

ux Augustins , où sa Maiesté assista , accompagnee
de Monsieur le Legat , Messieurs les Cardinaux de
Ioyeuse & de Gondy, & de plusieurs Euesques & Prelats , ensemble de messieurs de Monpensier , de Ne-
mours, Connestable, de Ioyeuse , d'Espernon , grand
Escuyer,& autres Seigneurs en grand nombre. & mesmes la Cour de Parlement , la Chambre des Comptes,
la Cour des Aydes , & l'Hostel de ville y furent en
corps . Peu de temps apres , sçauoir le 11. dudit mois
de Mars , la ville d'Amiens fut surprise par les Espagnols,& cruellement exposee au pillage par cinq iours
entiers, & les plus fideles François chassez dehors. Sa
Maiesté se resolut d'assieger & reprendre ladite ville,
& à ceste fin la fit inuestir par monsieur le Mareschal
de Biron & ses troupes , pour empescher qu'il n'y en-
rast aucun secours. Et le Roy, apres s'estre sis en son
it de Iustice au Parlement le 21.May , assisté de plusieurs Princes, Cardinaux & Seigneurs, & mesmes du
Duc de Mayenne, qui eut seance aux pieds de sa Maie-
té,comme son grand Chambellam , il alla en personne
au siege de ladite ville d'Amiens, laquelle apres plusieurs escarmouches & furieuses sorties , luy fut renduë par composition , le Ieudy 25. de Septembre , par
les estrangers qui contre tout droict la detenoyent : &
urent contrains de la rendre voyans que le Cardinal
d'Austriche, qui peu auparauant s'estoit presenté aux
trenchees auec vne armee de seize à dix-huict mille
hommes , de deux mil cheuaux , & de seize ou dix-
huict pieces de canon auoit esté vertueusement repoussé , & n'auoit peu donner secours aux assiegez,
ains s'estoit honteusement retiré auec grande perte des siens. Et a ceste heureuse rendition apporté vn grand auancement aux affaires du Royaume.

Car peu de temps apres le Roi print resolution d'aller
en Bretaigne , qui estoit detenuë par le Duc de Mercueur, afin de la remettre en son obeissance auec quelques villes & places fortes circonuoisines. Auquel il
accorda la trefue iusques à la fin de l'annee , sous esperance de reconciliation. La trefue estant finie au mois
de Ianuier, 1598. les regimens & troupes des gens de
guerre s'aduācerent en intention d'aller assieger la ville de Nantes , qui fut cause que Dinan se rendit : & le
Roi s'estant acheminé passa par Chasteaudun , Vendosme, Tours , & Saulmur , & estant au Pont de Cé,
reçeut à Capitulation ceux qui detenoyent le Chasteau
de Rocheforten Anjou, & si tost qu'il fut à Angers , y
arriua la Duchesse de Mercueur , laquelle fit en sorte
que le Duc de Mercueur son mary,& toute la Bretaigne
ensemble tous ceux qui s'aduoüent de lui , & tenoyent
son parti , se reduisirent sous l'obeissance de sa Maiesté, & par le traicté qui en fut faict au Chasteau d'Angers le 10.Mars , le mariage fut accordé de la fille vnique du Duc de Mercueur, auec Cesar Monsieur , fils
naturel du Roi , & de madame la Duchesse de Beaufort, auquel est demeuré le gouuernement de Bretaigne : Et par ce moyen fut accomplie vne prophetie qui
predisoit que la guerre ciuile de France deuoit finir en
la ville noire.Car estant la ville d'Angers bastie pour la
plus grāde part de pierre ardoisine , & les maisons couuertes d'ardoises,dont la couleur tire sur le noir, & n'y
a autre village , à laquelle cest epichete puisse mieux
conuenir : Aussi que de toutes les prouinces de ce
Roiaume qui s'estoient reuoltees durant ces troubles,
il ne restoit plus que la Bretagne à reduire. Ce traicté
ainsi faict , le Roi entra en sa ville de Nantes , & de
la il se transporta à Rennes ville capitale du Duché, &

siege du Parlement , qui ne s'estoit aucunement departie de son obeissance , ains y auoit tousiours con-
stamment perseueré. Finablement le Roi estant de retour à Paris victorieux & triomphant, Dieu a tellement fauorisé ses desseins , qu'au mesme temps qu'il a
veu finir la guerre ciuile en son roiaume , il a veu aussi
la guerre qui estoit entre la France & l'Espagne , prendre fin par vne bonne paix , qui fut publiee à Paris , le
12. de Iuin , & depuis par toutes les autres villes du
Roiaume. Et par le traicté d'icelles les villes de Calais,
Ardres, Dourlens, la Capelle , le Catelet , le port de
Blauet, & autres places detenuës par l'Espagnol , ont
esté renduë à sa Maiesté. Et à ceste saincte paix ont
esté inuitez & induits ces deux grands Monarques, nostre Roi Tres-Chrestien , & le Roi Catholique , par
la persuasion du Pape Clement viii. & par l'entremise de son Legat en France le Cardinal de Florence de son Nunce l'Euesque de Mantouë , & de frere Bonauenture à Calata Gerone Sicilien , pour lors
Ministre general de l'ordre de sainct François , ausquels
la France & l'Espagne, voire toute l'Europe sont beaucoup redeuables pour auoir moyenné à ces deux Royaumes vn si grand bien : lequel a esté bien tost apres
suiui du traicté de mariage de Madame sœur vnique
du Roi auec le Prince de Lorraine, Duc de Bar , pour
encores dauantage vnir ensemble les maisons tres-illu-
stres de Bourbon & de Lorraine , & fut le mariage
consommé à sainct Germain en Laye le Dimenche dernier iour de Ianuier 1599. Peu de temps apres , sçauoir
le Ieudy 25. de Feurier ensuiuant a esté publié en Parlement l'Edict de Nantes faict à l'instance requeste &
poursuite de ceux qui font profession de la Religion
pretenduë reformee, ce qui leur a esté accordé par le

Roy fous l'esperance qu'il a de maintenir en repos tout
fes fubiects , & à fin d'oster la femence de nouueaux
troubles,& couper la racine des diuifions , qu'on iu-
geoit vray-femblablement deuoir bien tost efclorre , fi
par ce moyen on n'y eust apporté remede. Le veille de
Pafques d'icelle annee mourut fubitement madame
la Duchefse de Beaufort , que fa Maiesté aymoit fin-
gulierement,& en la mefme annee deceda Meffire Philippes Hurauld Chancelier de France,en la dignité duquel fut incontinent fubrogé par le Roy Meffire Pom-
pone de Bellieure, l'vn des plus anciens Officiers de la
Couronne , fort experimenté & entendu au maniment
des affaires d'Estat. En cefte mefme annee le mariage
du Roy & de Madame Marguerite de France , auec
grande cognoiffance , & pour caufes legitimes a esté
declaré nul, par iugement contradictoire de noftre S.
Fere le Pape Clement VIII. Au commencement de
l'an 1600. le Duc de Sauoye arriua à Paris , où il fut
receu magnifiquement par fa Maiesté , & y feiourna
iufques au premier iour de Mars enfuiuant , & s'en retournant promit au Roy de lui faire raifon dans trois
mois du Marquifat de Saluces , duquel il s'estoit empa-
ré dés la fin de l'annee 1588. par droit de bien-fean-
ce. Sa Maiesté fe voyant paifible de toutes parts , print
refolution de fe marier en intention de laiffer des heritiers habiles à lui fucceder , & establir par ce moyen à
l'aduenir vn ferme & affeuré repos entre fes fubiects.
Et de fait le traicté de mariage fut bien tost apres con-
clud auec madame Marie de Medicis , illuftriffime
Princeffe de Florence fille du deffunct grand Duc de la
Tofcane François de Medicis,& de Ieanne d'Auftriche
fille de l'Empereur Ferdinand , & au mois de May elle
fut proclamee en fon pays Royne de France. Quelque

temps apres les 3. mois expirez , le Roy vint à Lyon
tant pour y receuoir le Royne , que pour mettre fin au
different qu'il auoit auec le Duc de Sauoye , & voiant
que ledit Duc differoit de mettre sa promesse à execution, il luy fist denoncer la guerre , & en peu de iours
il se rendit Maistre de Chambray, Montmulian & autres places de la Sauoye , qui sembloient estre impre-
nables. Au plus fort de ceste guerre la Royne partit
de Florence & vint par mer iusques à Marseille , & là
ayans prins terre le 3. de Nouembre, elle arriua à Lyon
le 3. de Decembre ensuiuant où le 17. dudict mois
en l'Eglise Cathedrale , les ceremonies des nopces
Royales furent faites, L'arriuce de la Roine sembloit
semondre le Roi à la paix , dont il estoit incessamment
recherché par les prieres de nostre sainct Pere , & par
l'entremise de l'illustrissime Cardinal Aldobrandin son
nepueu , à laquelle sa Maiesté quoy que victorieuse se
laissa emporter , & fut signee & arrestee à Lyon le 17.
de Ianuier 1601. & par le traicté d'icelle fut fait eschá-
ge dudit Marquisat de Saluces auec le pays de Bresse &
autres Seigneuries adiacentes. Les articles de la paix
estans executez de part & d'autre, le Roy accompagné
de la Royne, reuint à Paris au mois de Feurier , & vers
la sepmaine Saincte , ils allerent ensemble passer les
festes de Pasques à Orleans, ou le Iubilé general se
celebroit, ayant esté octroyé par sa Saincteté apres
que celuy de Rome fut expiré , qui y auoit esté
solemnisé , l'annee precedente qui estoit la premiere
du nouueau siecle. Le Ieudy vingt-septiesme de Septembre iour de S. Cosme 9. mois & dix iours apres la
consommation du mariage du Roy , la Royne accoucha à Fontaine-Bleau sur les 10. heures du soir de Monsieur le Dauphin, la naissance duquel apporta vne ioye

incroyable au Roy & à tous ses bons subiects. Tout le
reste de l'annee se passa en prieres & deuotions à cause
d'vn autre Iubilé, qui fut celebré à Paris 3. mois durant, & cessa le premier iour de l'an 1602. Mais ceste
resiouissance commune fut bien tost suiuie d'vne horrible & espouuentable conspiration contre le Roy &
l'Estat du roiaume, dont sa Maiesté aiant eu certains
aduis fist auec la Roine le voiage de Blois, & se gouuerna en cest affaire auec tant de prudence, que le Ieudy 13. de Iuin audit an 1602. le Mareschal de Biron
chef de ceste coniuration estant venu à Fôtaine Bleau
fut arresté prisonnier, & conduit seurement en la Bastille, son procez lui fut fait & parfaict, selon les formes ordinaires de la Iustice, par Messieurs les Premiers
& second Presidents, & par les deux plus anciens Conseillers de la Cour de Parlement, Cômissaires deputez
à cet effet. Puis le procez fut rapporté en plain Parlement, les Chambres assemblees, parce qu'il estoit Pair
de France, & pour mesme raison les pairs ayant esté
sommez de s'y trouuer. Au iugement presidoit mon-
sier le Chancelier, & fut icelay Mareschal ouy par
sa bouche en plaine Cour, selon qu'il est ordinaire, où
il proposa tout ce qu'il peut pour ses deffences & excu-
ses. Surquoy, aiant esté trouué attaint & conuaincu
fut donné Arrest du Ieudy 29. Iuillet, par lequel il fut
condamné à auoir la teste tranchee en la place de Greue
ses biens acquis & confisquez au Roy, la terre de Biron priuee à iamais du nom & tiltre de Duché & pairie,
& reunie au domaine. Toutesfois par grace du Roy,
l'execution ne fut pas publique, ains en la Court de la
Bastille, où il fut decapité le Mercredy dernier iour de
Iuillet, & son corps de nuict enterré en l'Eglise de S.
Paul. Enuiron ce mesme temps le Roy fit vn Edit pour

le fait des monnoies, contenant que doresnauant on ne
conteroit plus par escus, ains par liures , & les especes
d'or & d'argent furent haussees de prix. Le Dimanche
20.iour d'Octobre, au mesme an, fut renouuellee l'ancienne alliance auec les Cantons des Suisses, & fut iu-
ree solemnellement en l'Eglise nostre Dame de Paris.
Et le 22. iour de Nouembre ensuiuant la Royne accoucha à Fontaine-Bleau d'vne fille. Sur la fin de l'annee, le Duc de Sauoye fit vne entreprise, pour surpren-
dre la ville de Geneue , contre l'asseurance de paix,
qu'il leur auoit donnee peu de temps auparauant. Et
s'estoit à ceste fin auancé fort pres de la ville, auec trois
mille hommes de guerre, eschelles, petarts, & autres
engins & instrumens necessaires pour l'execution de
telle entreprise , sans auoir esté aucunement descou-
uert. Et de fait par escalade quelque nõbre de ses gens
monterent sur les murailles, tuerent quelques sentinel-
les & vne ronde, prindrent vn corps de garde se voians
ià descouuerts. Mais les habitans aiant eu l'alarme , se
mirent en deffence, & firent en sorte que ceux du Duc
de Sauoye furent contraints se retirer, vne grande partie aiant esté tué, tant dans la ville que dans les fossez,
& traize s'estans rendus prisonniers de guerre, furent
le lendemain pendus & estranglez, le procez leur aiant
esté fait comme violateurs de la paix. Le Duc de Sauoye tout incontinent fit retraite. Au mois de Mars
1603. le Roy s'achemina à Mets sur des plaintes à luy
faites par les habitans, où il fut receu auec beaucoup
de magnificence. Il fit quitter au sieur de Sobole le
Gouuernement de la ville & citadelle, qu'il mit entre
les mains des sieurs de Montigny & d'Arquien. Le
deuxiesme iour d'Auril en la mesme annee, Elizabeth
Royne d'Angleterre & d'Irlande deceda en son Palais

d'Angleterre & d'Irlande deceda en son Palais de Vin-
tal, aagee de soixante & dix ans, sans aucuns enfans,
n'ayās iamais esté mariee. Suiuant sa derniere volonté,
les principaux Seigneurs d'Angleterre & Conseillers
d'Estat, declarerent Iacques sixiéme Roy d'Escosse,
successeur legitime du roiaume, qui a esté le premier
Monarque des Isles Britaniques, Le Roy, enuoia au
mois de Iuin ensuiuant monsieur le Marquis de Rosny
en Ambassade vers iceluy Roy d'Angleterre, pour luy
congratuler deson nouuel aduenement à la Couronne.
En ceste mesme annee les Iesuites qui auoiēt esté chassez par l'Arrest de la Cour, donné contre Chastel, furent restablis par le Roy en plusieurs villes de ce royaume. Lequel d'abondant leur a donné & fondé vn
fort beau College en la ville de la Flesche en Anjou.
Dans les lettres de leur restablissement dōnees àRouen
en Septembre audit an 1603. verifiees en Parlement
le 2. Iannier ensuiuant, il est expressement porté que
ledit restablissemēt est fait à la priere du Pape Clement
és ville de Tholose, Auchs, Agen, Rodez, Bourdeaux, Perigueux, Limoges, Tournon, le Puy, Aubenas
& Beziers, & outre qu'il est accordé au S. Pere de les
mettre & establir és villes de Lyon & Dijon, & particulierement de les loger en la maison Royale de la
Fleche en Anjou, pour y continuer leurs Colleges &
residances aux charges & conditions qui ensuiuent.
1. Sçauoir qu'ils ne pourront dresser aucun College ny
residēce en autres villes du royaume sans expresse permission de sa Maiesté. 2. Que tous les Iesuites & leurs
Recteurs seront naturels François, & non estrangers
sans expres congé du Roy, & sous ce mot d'estrāger ne
sont cōpris les habitās de la ville & Comtat d'Auignō.
3. Qu'ils aurōt pres de sa Maiesté vn dentr'eux suffisam-

ment auctorisé qui sera François pour lui seruir de
Predicateur, & respondre des actions de leur compagnies. 4. Que ceux qui sont en ce roiaume, & qui y
seront receus seront serment de ne rien faire ny entreprendre contre le seruice du Roy , la paix publique &
repos du roiaume sans exception ny reseruation quelconque, & s'ils faisoient refus de faire ledit serment,
seront contraints sortir hors ledict royaume. 5   Que
ceux qui ont fait les simples vœus, & tous les antres ne
pourront acquerir dans le roiaume aucuns biens im-
meubles par achat, donation ou autrement sans permission de sadite Maiesté, & ne pourront prendre succession directe ny collateralle non plus que les autres
Religieux , & neantmoins au cas qu'ils fussent licen-
tiez ou congediez par la compagnie, ils pourront, r'entrer en leurs droicts comme au parauant. 6 . Qu'ils ne
pourront prendre aucuns biens immubles de ceux qui
entreront en leur societé ains seront reseruez à leurs
heritiers, ou a ceux en faueur desquels ils en auront
disposé auant que d'y entrer. 7. Qu'ils seront suiets en
tout & par tout aux loix du roiaume , iusticiables des
Iuges Royaux és cas & ainsi que les autres Ecclesiastiques , & Religieux y sont subiets. 8. Qu'ils ne pourront entreprendre ny faire aucune chose tant au spiri-
tuel qu'au temporel, au preiudice des Euesques , Cha-
pitres, Curez , Vniuersitez du roiaume , ny des autres
Religieux , Ains se conformeront au droict commun.
9. Et qu'ils ne pourront prescher, administrer Sacre-
mens,ny mesmes celuy de confession , à autres personnes qu'a ceux de leur Societé , sinon par la permission
des Euesques Diocessains des Parlemens auquels
ils sont ou seront establis. Et afin que ceux d'icelle Societé puissent s'entretenir , il leur est permis

de iouïr de leurs fondations & rentes prefentes & paf-
fees , & en cas qu'elles foient faifies, plaines & entiere
mains leuée leur en fera faicte. Le 13. iour de Feurier
1604. Madame la Duchefle de Bar fœur du Roy, deceda en Lorraine fans enfans. Au mois d'Auril enfuiuãt,
le Roy eut aduis qu'vn nommé Nicolas l'Hofte Commis du Sieur de Villeroy , Secretaire d'Eftat , defcou-
uroit au Roy d'Efpagne (duquel il receuoit penfion à
cefte fin) fes fecrets & affaires de fon Eftat. Au mefme inftant de ceft aduis, l'Hofte fe mit en fuitte. Mais il
fut promptement pourfuiuy & recherché , tant par les
Preuofts des Marefchaux, qu'autres. Se trouuant preffé
par ceux qui le pourfuiuoient , pres vn paffage de la
riuiere de Marne, il fe mit en l'eau pour fe cacher , où il
mourut faifi de froid & de peur. Le procez fut faict à
fon corps mort, auquel fut crée Curateur à cefte fin.
Et par Arreft de la Cour de Parlement du 15. May en
la mefme annee, il fut declaré attaint & conuaincu de
crime de zele Maiefté au premier chef , pour les trahi-
fons & infidelitez commifes par luy contre le Roy &
fon Eftat: & pour reparation il fut ordonné que fon
corps feroit trainé fur vne claye en la place de Greue,
& fur vn efchaffaut tiré à quatre cheuaux , & les quartiers mis fur quatre ronës aux principales aduenuës de
la ville de Paris, fes biens acquis & confifquez au Roi:
fur iceux prealablement pris la fomme de quatre mille
liure Parifis d'amende, qui feroit employee au pain
des prifonniers , & autres neceffitez de ladicte Cour.
Et outre qu'on pretendoit fur lefdits biens les fommes
qui auroient efté ordonnees aux tefmoings , & à ceux
qui ont efté employez à la recherche dudict deffunct.
Ce qui fut executé le mefme iour. En cefte mefme annee au mois de Iuin, le Pape Clement huictiéme crea

dix-huict Cardinaux , entre lesquels il y auoit deux François, sçauoir monsieur Serafin Auditeur de Rote, & monsieur du Perron Euesque d'Eureux. Au mois de Septembre la ville d'Ostende , apres auoir soustenu le siege de l'Archiduc d'Austriche par l'espace de trois ans trois mois , se rendit par vne honorable composi-tion , pour les assiegez , bien que reduicts à l'extremité, & retranchez en fort peu de lieu , qui leur restoit. Le troisiéme iour de Mars mil six cens cinq , le Pape Clement huictéme deceda , apres auoir tenu le siege l'espace de treize ans vn mois & cinq iours. Les Car-dinaux entrerent au Conclaue le quatorziéme iour du mesme mois de Mars, & s'y en trouua iusques au nom-bre de soixante & vn. Le premier iour d'Auril, fut es-leu Pape monsieur le Cardinal de Florence, Alexandre de Medicis, qui prist le nom de Leon vnziesme. Il auoit esté Legat en France, & auoit procuré la paix de Veruins entre le Roy de France & le Roy d'Espagne. Estant Archeuesque de Florence, il auoit esté fait Car-dinal par le Pape Gregoire treiziesme en l'an mille cinq cens quatre vingts trois. Lorsqu'il fut esleu Pape il estoit Cardinal Euesque prænestin. Sa coronation se fit le iour de Pasques 10. d'Auril. Et le dixseptiéme iour du mesme mois , il fit sa profession solennelle à S. Iean de Latran, côme on a de coustume, qui fut fort magni-fique. Mais au retour de ceste profession il fut saisi d'v-ne maladie , dont il deceda le vingt-septiesme iour du mesme mois d'Auril , ayant tenu le siege seulement vingt sept iours. Le huitiesme iour de May ensuyuant les Cardinaux entrerent au Conclaue en nombre de 61. Et le seiziesme iour du mesme mois de May , fut es-leu Pape monsieur le Cardinal de Camille Borghese, qui prist le nom de Pavl V. Il a passé par de grandes

& diuerses charges. Ayant esté Refrendaire de l'vne
& de l'autre signature : Vice-legat de Bolongne en l'an
1588. fait Auditeur de la Chambre par le Pape Gregoire quatorziesme : en fin fut crée Cardinal par le Pape
Clement huictiesme le cinquiesme Iuin mil cinq cens
quatre vingts seize. Puis fut fait Vicaire du Pape qui
est l'vne des quatres principales charges de Rome : &
pareillement Euesque de Iesi. N'est à obmettre que le
quatorziéme iour de Mars furent leuës & registrées en
la Cóur de Parlement les lettres de prouision de Messire Nicolas Brulart, Cheualier Seigneur de Sillery,
garde des Seaux de France. Et le seiziesme du mesme
mois fut verifié en Parlement le pouuoir donné au
Sieur de Monts par le Roy pour paracheuer la descou-
uerte de la coste de Lacadie, autrement de Canada, depuis le 40. degré d'eleuation du Pole ou latitude, iusques au quarante-sixiesme, & pour trafiquer par luy
& ses associez, de pelleterie auec les Sauuages. Au
mois de Iuin en la mesme annee le Pape octroya vn Iubilé, pour au commencement de son Pontificat implo-
rer l'ayde de Dieu, pour le salutaire & heureux Gouuernement de l'Eglise. Ce Iubilé fut celebré à Paris au
commencement du mois de Septembre ensuyuant. Et
au mois de Iuillet Mõsieur le Prince de Conty, espousa Madamoiselle de Guyse. Louyse de Lorraine fille aisnee du deffunct Duc de Guyse, & de Madame Catherine de Cleues. En ce temps y aiant eu quelque bruict
d'entreprises & remuëmens vers la Guienne, Limosin,
& Perigort, le Roi y pouruent promptement, y en-
uoiant quelques compagnies de gens de guerre, auec
mandemens aux Gouuerneurs des prouinces, pour y
prendre garde, & y donner ordre. Et depuis le Roy s'y
estant acheminé en personne, par sa venue dissipa tout
l'orage,

l'orage dont on auoit esté menacé , & asseura le repos
& la paix en ces lieux-là , comme par toute la France,
& retourna à Paris sur la moitié du mois de Nouembre. Le Lundy 19. Decembre par Arrest de la Cour de
Parlement Merargues Gentil-homme Prouençal conuaincu de crime de leze Maiesté , au premier chef pour
les infidelitez par luy commise , contre le Roy & son
Estat, mesmes pour auoir voulu liurer la ville de Marseille à l'Espagnol, fut condamné à auoir la teste tren-
chee en Greue, ce qui fut executé le mesme iour. Le
Vendredy 10. Feurier 1606. la Roine accoucha à Paris
d'vne seconde fille. Sur la fin de Mars la ville de Sedan
fut mise entre les mains du Roy par le Mareschal de
Bouillon , ainsi toute occasion de guerre fut ostee,
& lettres d'abolition octroyees de tout ce qu'on eust
peu imputer du passé audict Sieur Mareschal. En
Iuillet les Iesuistes furent restablis à Paris , pour y faire leurs exercices ordinaires , hors mis Scholastique.
Le quatorziesme Septembre à Fontainebleau furét faites les ceremonies du Baptesme de Mõseigneur le Dauphin, & de mes Dames ses sœurs , Monsieur le Cardinal de Ioyeuse comme Legat du Pape Paul V. le nom-
ma Louys, & les noms d'Elizabeth, & de Christine furent donnez aux filles de France. Le Lundy apres Pasques 16. Auril 1607. nasquit à Fontainebleau Monseigneur le Duc d'Orleans second fils de France , & enuiron le mesme temps le Roy fut mediateur de l'accord
fait entre le Pape & la Seigneurie de Venise , par l'entremise dudit Sieur Cardinal de Ioyeuse. Le Lundy
neufiesme Septembre mourut à Paris Monsieur de
Bellieure Chancelier, aagé de septante huict ans, & luy
succeda Monsieur de Sillery cy deuant garde des seaux
de France. L'annee mil six cens huict, commença par

vn si rigoureux froid, qu'il ne s'en est veu de pareil de memoire d'hommes. Le 19. Feurier y eut Edit du Roy, pour le restablissement de la Religion Catholique & des Iesuites au pays de Bearn, & le dernier iour d'iceluy deceda à Paris Monseigneur le Duc de Monpensier, delaissant vne seule fille & vnique heritiere, de laquelle peu auparauant le mariage auec monseigneur le Duc d'Orleans fut accordé. Et le vingt-cinquiesme Auril, iour de S. Marc, nasquit à Fontaine-bleau monseigneur le Duc d'Anjou, troisiesme fils de France, à pareil iour qu'estoit né S. Louys en l'an mil deux cens quinze, comme a remarqué du Tillet. Au mois de Iuillet au chasteau de Fötainebleau ont esté faites auec grandes magnificences les fiances de monsieur le Duc de Vendosme, auec madamoiselle de Mercueur, & au mesme mois le Roy attend vn ambassadeur d'Espagne, qu'on dit estre enuoyé pour traitter d'affaire de tresgrande importance, en l'annee 1609. la trefue entre les Archiducs & les Estats furent publiees à Anuers le 14. d'Auril là où monsieur le President Ianin à acquis beaucoup de loüanges enuers les Holandois. Le Roy vn peu deuant Caresme-prenant reçoit nouuelles de la mort du grand Duc de Toscane oncle de la Royne, toute la Cour en print le deüil. En ce mesme temps les Academies publiques furent inuentez à Paris, où à l'imitation des grands : chacun ny parle que de ioüer des pistoles, qui ne si voyent que par monceaux. Le 20. Auril fut decapité à Geneue Louys de Comboursier sieur du Terrail, pour auoir voulu entreprendre de petarder & mettre ceste ville là sous l'obeissance du Duc de Sauoye, & la Bastide son ingenier & grand petardeur fut pendu. Le quatriesme May Guillaume Pingré l'aisné Marchand de Paris grand banqueroutier, eust

Arrest par les maistres des Requestes par lequel fust condamné de faire amende honorable, à genoux, teste pieds nuds, & en chemise, la corde au col, & vn Escriteau y attaché portant, *Banqueroutier Frauduleux*, tenant vne Torche ardante du poids de deux liures. Et de là estre mené le long de la ruë Sainct Denis, à la place des Halles où il feroit pareillement amende honorable, & trois iours dans le Pilory, Ce faict fut mené aux Galleres, pour y seruir le Roy à perpetuité, tous ses biens confisquez au Roy. Ses creanciers & les amendes prealablement payez, le Roy en fit publier vn Edict contre lesdits Banqueroutiers. Audict mois le Roy fit aussi vne declaration portant pouuoir de succeder aux hypotheques des anciens creanciers, sans cession d'iceux, laquelle fut verifiee en Parlement le 4. Iuin mil six cens neuf, en ce temps fut consommé le mariage de monsieur le Prince de Condé, & de madamoiselle de Montmorency. Vn autre fut de monsieur de Vendosme, & de madamoiselle de Mercueur l'vn à Chantilly, l'autre à Fontainebleau, où il y eust plusieur Festins, Ballets, Courses & recreations. Edict du Roy pour la prohibition des querelles & duels, publié en Parlement le vingt-sixiesme de Iuin, aussi fut verifié en Parlement l'Ordonnance de deffence de porter des petits pistolets, le quinziesme de Septembre, il y eut en ce temps plusieurs donneurs d'aduis au Roy tant de reuocations commissions des offices, & du Domaine engagé à faculté de rachap perpetuel charge du rembours actuel desdicts Estats & offices, mesmes on voulut rembourser les Sergens. Aussi y eut aduis pour fabriquer de la nouuelle monnoye que l'on nommeroit Henriques, & le tout sans effect, par Arrest du Conseil d'Estat est permis aux Aduocats des Bailliages,

k ij

d'exercer l'vne & l'autre charge d'Auocat , & Procureur : à la charge qu'ils prendront lettre de sa Maiesté, aussi à esté par Edict & par lettres patentes du huictiesme May restablis les Bureaux des Finances en chacune generalité. Le parti de Chalanges vn des principaux donneurs d'auis au Roi pour les Offices de la maison de ville, est reuoqué du depuis tous les donneurs d'aduis ont esté mal venus en Cour. Charle-ville commencee à bastir par le Duc de Neuers , le 25. de Nouembre la Roine accoucha de Madame troisiesme fille de France au Louure , c'est son sixiesme enfant tous viuans, Dieu par sa grace les guarantisse de tous mauuais accidens, & les face croistre en toutes vertus pour estre les bien-heureux , & cherissables appuis de la France en ceste fin de l'annee , Arrest contre Iean Chastel fut censuré à Rome laquelle censure à apporté de grand maux à la France & aux François par la perte de ce grand Roy. Il fut censuré aussi le liure des monnoyes de ce Mariana Iesuiste. Mais ils oublierent de censurer son detestable liure de *Institutione*. La France perdit au cõmencement de ceste annee 1610. le Mareschal d'Ornaco, il à fait durant son viuant de grãds seruices au Roi, il mourut à la taillee : son corps fut porté à Bourdeaux, la Prouince en fit de grands regrets, d'auoir perdu vn si homme de bien. Au mesme temps le Roi fit le sieur Desdiguieres Mareschal de France , le iour qu'il alla en Parlement pour la verification de ses lettres, il fut accompagné des Ducs de Vendosme & de Sully & de toute la Noblesse de la Cour. Apres ce, fut renuoyé en Dauphiné pour y dresser vne armee, on fit sortir de l'Arsenac de Paris 50. pieces de Canon , auec poudres , boulets , & autres vstensilles de guerre , & fit on grande leuee de Gendarmes , Dieu

vueille faire le tout reüſſir à ſon honneur & gloire , au
cõtentement duRoi noſtre ſouuerain Seigneur, & de la
Roine,au r pos de la France, & combien leur Maieſtez
tres-Chreſtiennes , auec leur poſterité Roiale de ſes
ſainctes graces & benedictions , afin qu'elles puiſſent
longuement , paiſiblement & heureuſement regner.
La ſemaine ſaincte , le Sacre de la Roine , fut reſolu
& le iour de ſon entree à Paris pris au 5. de May. Le
Parlement s'alla tenir aux Auguſtins. Le Preuoſt des
Marchans & les Eſcheuins s'employerent aux preparatifs de ceſte entree auec vne extreme diligence , &
ſupplierent ſa Maieſté que le iour arreſté fut remis à
la fin de May , à cauſe de la briefueté du temps pour
acheuer les preparatifs commencez : Preſt ou non
preſt, leur dit le Roi , le Couronnement ſe fera le 13.
de May , & l'entree le Dimanche enſuiuant. Ce que
l'on fit publier par tous les Bailliages &Senechauſſees:
meſmes auec trompettes par les places publiques de
Paris. Suiuant ceſte reſolution la Roine alla à S. Denis
le 12.May accompagnee de Monſeigneur le Dauphin,
de Madame , de la Roine Marguerite Ducheſſe de Valois , & de pluſieurs Princeſſes & Dame. Le Roi s'y
rendit auſſi auec tous les Princes & Seigneurs de ſa
Cour. Le lendemain Ieudy trezieſme dudict mois , l'a-
cte & ſolemnité du Sacre fut fait. Mais , ô mal-
heur funeſte , ô deplorable accident ! Comme ce
Prince eſtoit ſur le point de faire florir la France, & la
rendre plus Auguſte & redoutable que iamais , & qu'il
en faiſoit les preperatifs, voici qu'entre les magnificẽ-
ces & allegreſſes publiques, vn deteſtable parricide ſu-
ſcité par les furies d'Enfer,lui rauit en vn inſtãt proditoirement & cruellement la vie. Car le lendemain du
magnifique couronnement de la Royne , qui fut fait à

S.Denis le 13. de May 1610. lors qu'on se preparoit
pour son entrée, Ce grand Roy, l'oingt sacré du Seigneur, fut le Vendredy 14.de May, malheureusement &
traistreusement assassiné au milieu de sa ville capitale,
où ses obseques furent faites par toutes les Eglises, les
Lundy, Mardy & Mercredy, 21.22.& 23. de Iuin auec
oraisons funebres & larmes infinies, & le Mardy iour
de S.Pierre son corps fut du chasteau du Louure porté
à nostre Dame, accompagné de tous les ordres de la
ville, & le Mercredy dernier de Iuin luy fut fait vn
seruice solemnel, & de là fut conduit ledit iour à Saint
Denis en France, où le Ieudy premier de Iuillet ensuiuant il fut inhumé auec les pompes & ceremonies ac-
coustumees. Ce bon Prince est & sera sans fin regretté
de tous les bons François, & specialement des Parisiens
plus qu'aucun de ses predecesseurs, pour la perte inesti-
mable qu'ils ont faite de leur Roi, qui estoit la merueille des Roys. Par toutes ces Heroïques actions briefue-
ment representees, on peut à bon droit le comparer aux
trois plus grands Roys de Iuda, qui furent plus agrea-
bles à Dieu : à Dauid au commencement de son regne, à
Salomon depuis qu'il ioüit des fruicts de la Paix, & à
Iosias en sa mort. Et tous ces hauts faits vertueux luy
ont iustement acquis les tiltres & qualitez de Prince
tres Grand, tres-Auguste & tres-Victorieux, incom-
parable en Magnanimité & Cleméce, & de Pere du peuple & de la patrie, qui rendront sa memoire eternelle-
ment recommendable à la Posterité, qui ne sera obscur-
cie par aucun laps de temps aduenir, ains demeurera
entiere, & on la benira par toute la terre habitable iusques à la consommation des siecles.

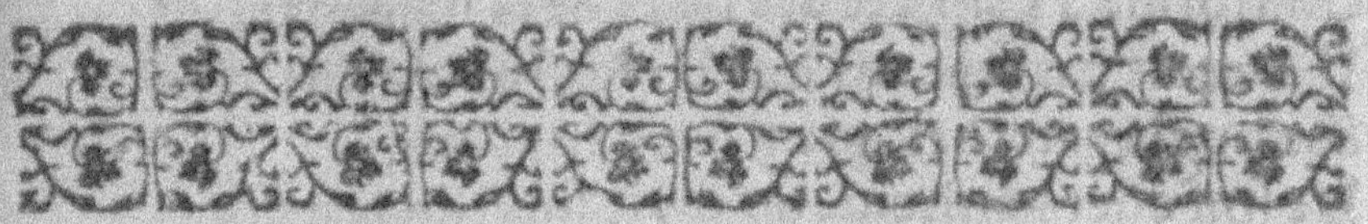

EVLOGE DE LA
VIE HEROIQVE DE HENRY
LE GRAND IIII. DV NOM, ROY
de France & de Nauarre, tiré d'vn
plus long Poësme.

DEDIE´ A LOVYS XIII. DV NOM,
AVSSI ROY DE FRANCE ET
de Nauarre.

PAR LE SIEVR METEZEAV, SECRE-
taire & Agent dés affaires de feuë Madame la Duchesse
de Bar, sœur vnique du deffunct Roy.

E chante Henry le Grand , l'Alcide des
François,
La gloire des Bourbons , la merueille des
Roys,
Autant affable en paix, que redoutable en guerre,
Les delices du Ciel l'ornement de la terre;
Issu de S. Louys de l'estoc Paternel,
Et de Gaston de Foix, du costé Maternel,
L'vn l'effroy de Thunis, à son zele fatalle,
L'autre auec pareil sort, la tetreur de l'Italle.
La Fleche ce grand Roy heureusement conçeut,
Pau parmy ses rochers glorieux le receut,
Coraze en print le soing, esleua son enfance,

Conforme à l'aspreté des lieux de sa naiſſance.
Il n'auoit pas ſept ans que Dreux lui captiua
Son oncle paternel, que Roüen le priua
De ſon cher geniteur, qu'il vit ſoudain ſa mere
Proſcrite de la Cour, pleine d'angoiſſe amere
Luy de meſme reduiĉt en proye aux ennemis,
De ſa grandeur naiſſante auec tous ſes amis:
Preſſé de toutes parts, pour euiter l'orage,
Se iette en vn parti rauallé de courage,
Par maints combats perdus, meſmement par la mort
De ſon oncle à Balſac, où le guida ſon ſort:
A l'aage de ſeize ans, il en prend la conduitte,
Lui releue le cœur, lui fait reueoir en ſuitte
Les ennemis ſoudain, qu'il preſſe, qu'il pourſuit,
Vient aux mains auec eux, Roche-abeille le vit,
Bien qu'ineſgal en nombre à ces premiers fais d'armes,
Regaigner courageux au milieu des vacarmes,
Les lauriers qu'ils auoient acquis en pluſieurs lieux:
Maiſtre de la campagne, il s'empare à leurs yeux
De Tiuiers, S. Sulpice, & Brantonne par force,
Chaſteau l'Eueſque en vain lui reſiſter s'efforce,
Ainſi fait Confolans, Chabannes, S. Genais,
Et tout plein d'autres forts qui faiſoient les mauuais:
De Guyenne en Poiĉtou il ſe fait faire voye,
Tout cede au luiſant fer qui dans ſa main ondoye,
Il aſſiege, bat, prend d'abord Chaſtelleraux,
Luſignen auſſi peu reſiſte à ſes aſſauts,
Coutré, Sanzay, Viuonne, & pluſieurs fortereſſes,
Accreurent le renom de ſes grandes proüeſſes,
Met le ſiege à Poiĉtiers qu'il leua tout expres,
Pour ſuiure l'ennemy, le talonne de pres,
Iuſqu'à Celle en Touraine, & le contrainĉt de prendre
Son ſalut au delà de Creuſe ſans l'attendre:

Le defaftre paffé des fiens à Mont-Contour,
Il fe reiette aux champs derechef à fon tour,
Raffeure leur efpoir, les r'alie, r'amaffe,
Fait fuir l'ennemy quelque part où il paffe,
Le Languedoc fremit, refferre dans fes forts,
Ses plus braues guerriers, en chaffe les vns hors,
Prend Carmin, Oriac, Lesbos, Monftretuc, Faye,
Chacun qui plus, qui moins, des autres forts effaye
L'effet de fa proüeffe, ou bien de fa douceur:
En Bourgongne il pourfuit la pointe de fon heur,
Campe à Rene le Duc, toufiours preft de combatre,
L'ennemy renforcé veut ce logis debatre,
Qui recogneut, mais tard à fon tres-grand meschef,
Que tout lieu eft forçable où commande vn tel chef,
Qui tiroit à Paris, en grande diligence,
Sans la paix qu'il r'aquift, autant par la prudence,
Que par la force aux fiens que l'on ne vit durer:
Faifant ce qu'il pouuoit pour la mieux affeurer,
Volontiers il entend au futur mariage
De Marguerite, fœur de Charles qui l'engage:
Attiré dans Paris, pour le folemnifer,
Vit les iours de fa mere auffi-toft efclipfer.
Le fang des fiens refpandre à fa nopce funefte,
Efchappé du peril redonne cœur au refte,
Les armes à la main procure vn doux repos
Derechef à la France, auec beaucoup de los.
Dans Peronne auffi-toft l'on void la Ligue efclore
Qui ne le peut fouffrir, fon regard le deuore,
Tire les vents mutins de leurs moites cachots,
Tonne, efclaire, tempefte, efmeut par tout les flots,
Les feux demy paffez de la guerre r'enflamme,
Tient d'vne main le fer, & de l'autre la flamme,
Fait marcher vne armee en Poictou bien auant

Contre ce ieune Mars,qui venoit au deuant
Tomber de toute pars,comme vn foudre fur elle,
Sans la paix des deux Roys que Poictiers renouuelle:
Son œil chargé par tout de funeftes humeurs,
En repouffe l'efclat,augment fes fureurs,
La paix elle ne veut,la guerre elle demande,
De renfort contre luy quatre armees desbande,
En Guyenne,en Poictou,pour le bien affaillir
De tout coftez ce coup,& ne le point faillir,
Parmy tant d'ennemis,ce grand Roy ne s'eftonne,
La tefte il monftre à tous,deçà,delà,il tonne,
A l'vne il fait quitter foudain Caftel-ialoux,
Qu'elle auoit affiegé,l'autre il couure de coups,
Luy fait prendre la fuitte,il trauerfe à la veuë
D'vne autre la Garonne, encores toute efmeue
De fes faits genereux,il deliure Marans,
Qui les va tous les iours de mefmes admirans,
De là comme vn traict volle à Broüage qu'il ferre,
Et fait fremir au bruit de fon grondant tonnerre:
Les moyens recherchez rompus d'vne autre paix,
Il fe fait redouter par tout plus que iamais,
Prend Chifay,S. Maixant,& Fontenay de force,
De mefme Mauleon:la Ligue fe renforce
En fuitte de ces cinq,defcouple contre luy
Deux armees encore où reftoit fon appuy:
L'vne quitte auffi toft qu'il paroift la carriere,
Il la meine battant fans regarder derriere,
Iufques dans la Bretagne,où fon chef s'y fauua,
L'autre plus courageufe à Coutras efprouua
La vaillance,auec l'heur,de ce Roy redoutable,
Où le fien demeura qui fembloit indomptable,
Auec les plus hardis fur le champ eftendus,
Les autres prifonniers,& fes canons perdus.

La Ligue ne se rend à tant de bastonnades,
Excite dans Paris soudain les barricades,
Henry troisiéme eschape, en fuitte le contrainct
De prendre son party, desguisé d'vn nom sainct
Redouble le Toxin, dans le Poictou renuoye
Deux armees encore, vne autre prend sa voye,
De mesme en Dauphiné, mais au bruit que ce Roy
A repris le harnois, l'vne demeure coy,
L'autre au brillant du fer de ses armes luisantes,
Prend la fuitte aussi tost derechef iusqu'à Nantes,
L'autre à Lyon fait alte, attend vn meilleur vent:
La Ligue tonne à Blois plus fort qu'auparauant,
Henry troisiesme craint, & fait soudain en sorte,
Que le coup prest à choir dessus sa teste il porte
Sur deux principaux chef de ce monstre testu,
Qu'il pensoit bien auoir tout à fait abbatu.
La Ligue seulement de ce coup estourdie,
Reprend tost ses fureurs, parfait la tragedie,
Declare aussi la guerre, à fer, à feu, à sang
Contre son bien-faicteur, sans respect de son rang,
Foule son Sceptre aux pieds, met les siens au pillage,
Prend ses Villes, ses Forts, & la France saccage.
Henry le Grand soudain se fait reuoir aux champs,
Prend Niort, Maillezay, de mesme S. Maixants,
Chastelleraut, Loudun, & plusieurs autres villes,
Que la Ligue tenoit sous ses pates seruilles:
Oubliant le passé il auole au secours
Du dernier des Vallois assiegé dedans Tours
Qu'il deliure aussi-tost que l'on le vit paroistre,
Le rend entierement de la campagne maistre,
Fait fuir deuant luy la Ligue à sa mercy,
Emporte dessus elle, auec luy Baugency,
Force auec luy Gergeau, Estampes, & Ponthoise,

Séyne reuit son ʀoy,comme l'auoit veu Oyse:
Prend auec lui ʀoissi,le pousse vistement
Vers ʀaris estonné d'vn si grand changement,
Où son ʀoy il portoit sans le coup effroiable
D'vn ᴍoine Iacobin,ou bien plustost d'vn diable,
Que la ʟigue auoit fait sortir des noirs enfers,
Par ses enchantemens pour ne tomber aux fers:
Ce coup remply d'effroy soudain toute l'armee,
La ʟigue au precedent dans ses murs renfermee,
Reprend l'effort aux champs,la France s'en alloit,
Au declin de ses iours,le poux luy defailloit.
Luy seul reste sans peur,le debris en r'assemble,
R'amasse ce qu'il peut des siens soudain ensemble,
Desloge de S. Clou: A ces commencemens
Autant de sieges fait comme de logemens,
Autant de combats rend autant qu'il fait de traictes,
Trouue ennemis par tout, il n'a point de retraictes,
Met le corps du deffunt à Compiegne en passant,
Tire à Dieppe,reuient à l'ennemy puissant,
Bien qu'en nombre inesgal pourtant il ne s'effroye,
Donne dedans ses gros,les verse,les foudroye,
Luy seul vaut cent des siens,l'vn des siens autre cent
De ceux de l'ennemi,qui tost la fuitte prend:
Arques en fut tesmoing auecques Londelotte,
Qui lui baigne le pied,& par ses costaux flotte.
Paris qui le croioit,ou mort,ou prisonnier,
Le vit incontinent fondre tout le premier
Dãs ses Faux-bourgs perdus,triõphant plein de gloire.
Estampes,Chasteaudun,Vendosme,ny Montoire,
N'ont vn sort plus heureux,ni ʟa-val,ni le Mans,
Mayennes,Alençon,de mesmes les Normans,
Dedans Falaise,Honfleur,& tout plein d'autres places
Qui n'eurent point à temps de recours à ses graces:

Il court,il voit,il vainc,par tout Victorieux,
Tout se rend à l'effort de son fer glorieux.
L'ennemy renforcé des Itales d'Espagne,
Pour la seconde fois se reiette en campagne,
Henry le Grand soudain delaissa Dreux qu'il bat,
En la pleine d'Yury,il l'attire au combat,
Donne en ses bataillons,les perce,les fracasse,
Iusques aux bords de Seyne il leur donne la chasse:
Ce grand fleuue estonné,rend ses Villes,ses forts,
S. Denis effroyé,ses tombaux,ses thresors,
Paris serré de pres,à grand peine souspire,
La Ligue à son secours le Duc de Parme attire,
Qui fait desia son conte auec les pays Bas,
De mettre aux fers la France,& de n'y faillir pas:
Henry laisse Paris,souhaitte sa rencontre,
Ce Duc tremblant de peur seulement à la monstre
De ses armes,soudain se retranche,& s'enfuit,
Battu iusqu'en Arthois où tousiours il le suit:
Par tout où il repasse on lui ouure les portes,
Tout cede à ses efforts,les places les plus fortes,
Clermont,Chartres,Noyon,desfit par quatre fois,
Vn secours tres-puissant à l'vne de ces trois.
Ainsi victorieux laissant la Picardie,
Il entre derechef dedans la Normandie,
Prend à force Louuiers qui plus sage deuint,
Met Rouen aux abois,la Parmessan reuient
Plus fort qu'il n'auoit fait,donne espoir de bataille:
Henry court au deuant,le charge dans Aumalle,
Au pris de son cher sang dés le premier abord,
Rompit de l'ennemy le furieux effort,
L'entame en plusieurs lieux,quoy qu'il tint vn bon or-
En fin à Yuetot il le met en desordre: (dre,
Le Parmessan blecé,gaigne auec honte Arras,

Où soudain le regret luy donna le trespas.
Henry, qui se fait fort de Rouen sans le prendre,
Qui bien tost à son tour à luy se viendra rendre,
Retourne à Dreux qui prend, luy fait sauter sa Tour
Auecques tous les forts du pays d'alentour:
Raproché de Paris, S. Denis lors le touche,
Il quitte son erreur de cœur, comme de bouche,
L'Eglise le reçoit, le Ciel entierement
Se declare pour luy, monstre visiblement
Qu'il en a pris le soin, parmy tous ses desastres,
Prend Henry triomphant, le meine droit à Chartres,
Le Sacre, le Couronne, & luy met dans la main,
Le Sceptre des François, luy raquiet tout soudain,
Sans peril, sans effort, sans trauail, ny sans peine,
Tous les plus beaux fleurons du lys de son domaine:
Meaux, est le premier, qui se vint rendre à luy,
De Bourges, d'Orleans, de Lyon, d'Aix suiuy,
Paris, Rouen apres auec toute sa bande,
Troye Abbeuille, Sens, poictiers, Agen, Marmande.
Toute la picardie alloit d'vn mesme vol,
Sans la Fere, & sans Laon tenus par l'Espagnol:
Henry part de paris, attaque la derniere,
Fait ioüer ses canons, la couure de poussiere,
Deffait diuers secours, ains armees plustost,
Qui pensoient faire iour au trauers de son Ost:
Laon n'ayant plus d'espoir qu'en sa misericorde,
Se rend à sa mercy, Chasteau Thierry s'accorde,
Amiens, Beauuais, Rheims, Cambray le party prend,
De mesme en fait Dijon, le Chasteau ne se rend
Sur l'espoir d'vn secours que l'Espagnol appreste,
Henry le Grand y court qui le rencontre en teste
A Fontaine-Françoise, où sa proüesse à lors
Parut contre le nombre, & fit de grands efforts,

Ionchea de toutes parts de caduers la pleine,
Le remenant battant toufiours iufqu'à S. Seine:
De là marche au Comté qui tremblant effaya,
Enfemble la valeur, & la bonté qu'il à
Si la France à Lyon auec ioye enuironne
Sa tefte de lauriers, l'Italie le couronne,
Et le S. Pere à Rome aux yeux des nations,
Change fon anathefme en benedictions.
L'Efpagnol qui craignoit qu'il ne portaft fes armes
Plus outre en fes pays, redonne des alarmes
Au Picards effroyez. Au bruit Henry r'acourt,
Arrefte le progrez de l'ennemy tout court,
Prend la Fere à fes yeux qui faifoit l'opiniaftre,
Bien qu'il fit plufieurs fois mine de la debatre:
Soiffons bien eftonné, fe rend à fa mercy,
Ameine Pierre-Fons, Eure, Chaalons auffi.
Tholofe en fait autant, Cifteron & Marfeille
Qui reffentirent tous fa douceur nompareille.
Tandis que Henry le Grand auec tous fes fubiects,
Se coniouit à Paris de tant d'heureux fuccez,
Et que chacun par tout fait auffi le femblable,
L'Efpagnol luy furprend Amiens l'imprenable:
Auffi toft il y volle, il la ferre, il la bat,
Aux yeux de fon fecours qui vient, mais ne combat
La force de fe rendre, & par cefte reprife,
La frayeur qui s'eftoit parmy fes fuiects mife
Tourne fur l'Efpagnol: La Bretaigne fremit,
Soudain y tourne Henry, Rochefort fe fous-mit
A fa difcretion, Craon luy ouurit la porte.
Surprend Dinan qui fit hafter Nantes la forte,
Auec fes autres forts de la mer ondoyez,
De venir au deuant leur ietter à fes pieds:
Ainfi les fiens par tout, où il ne pouuoit eftre,

Par force, ou par amour, le firent recognoiſtre:
L'vn bat vne Cité, l'vn s'expoſe aux hazars,
L'vn reduit des pays, l'vn garde ſes rempars,
L'vn gaigne vne bataille & l'vn fait le rauage
Par tout ſur l'ennemi n'eſpargne ſon ſolage,
L'Eſpagnol redoutant le change deſormais,
Fait rechercher Henry par le Pape de paix,
Qui donne volontiers au repos de la France
Tous les reſſentimens d'vne iuſte vengeance.
Le Sauoyard compris au traiⱥé ne le tienr,
Henry qui veut auoir ce que l'on lui detient,
Rendoſſe le harnois, fait ſonner la trompette,
Sans marchander ſoudain dans ſes pays ſe iette,
Il emporte d'abord Bourg, & Montmelien,
Le fort de l'vn reſiſte, il trouue le moien
D'y guinder ſes canons qui le mettoient en poudres,
S'il n'euſt cedé ſoudain aux foudres de ſes foudres:
Ceux qui font reſiſtence il verſe contrement,
Donne la chaſſe au Duc iuſques dans le Piedmont,
Où il l'euſt pourſuiui pour le mettre en chemiſe
Aux yeux des Milannois, ſans la prompte entremiſe
Du Pape qui lui fit eſprouuer la bonté
De ce Roy triomphant apres l'auoir domté
Qui retient de ſon gain tant ſeulement la Breſſe,
Au lieu de ſon Saluce, & le reſte au Duc laiſſe.
De retour à Lyon, adiouſte à ſes lauriers
Des myrthes amoureux, enlacez d'oliuiers,
Par vn hymen auec Marie de Florence,
L'ornement, le bon heur, le repos de la France.
Commençant ſeulement à gouſter les faueurs
D'vn repos deſirable: apres tant de labeurs,
Pença voir par les ſiens troubler ceſte bonace,
Sedan en arreſta depuis à tous l'audace,

Qui

Qui prudent euita le courroux de son Roy,
Qu'il auoit iustement attiré dessus soy.
Trente cinq ans entiers employa de son aage,
Au salut de la France, à qui tout faict hommage:
Cent quarante combats durant ce temps rendit
Pour maintenir tousiours l'honneur de son credit:
Trente cinq fois & plus de rencontres d'armees
Il dompta les fureurs contre luy deschainees:
Trois batailles soustint, où sa valeur cueillit
Sur le champ le laurier qui son front embellit:
Trois cens sieges au moins de places remarquables
L'ont veu tout des premiers aux perils redoutables:
Tousiours victorieux, & non iamais battu,
Quelque-part où il ait main à main combattu.
 Apres auoir du tout la France liberee,
Il s'employe aux moyens de la voir restauree:
Pardonne à ses subiects, qui s'estoient rebellez:
Rappelle les banis, qui restoient exilez.
Reünit les esprits diuisez de nature:
Remet les arts en vogue, aux champs l'agriculture,
Aux villes le commerce, & au lieu du harnois,
Fait reflorir par tout les lettres & les loix,
Restablit les Citez, en construict de nouuelles
Qui portent de son nom les marques eternelles:
Releue ses Palais, & ses Temples sacrez,
En faict edifier qui sont plus decorez:
Remplit ses Arsenacs, ses magazins de mesme,
Les augmente par tout auec vn soin extresme:
S'acquitte entierement enuers les creanciers
De ses predecesseurs, mesme des cinq derniers:
Remplit de millions les tours de sa Bastille,
Orne sur tout Paris sa principalle ville:
A son Sceptre adiousta le Sceptre Nauarrois,

La souueraineté de Bearn, & les trois
Qui sont dedans la Flandre, y reünit encore
Des hauts Monts-Pirenez, tout le Foix, le Bigorre,
L'Armaignac, l'Allebret, Limoges Perigort,
Le Vendosmois, la Fere, où il fit tant d'effort,
Et tout plein d'autres lieux, venus de patrimoine
Dont il accreut luy seul les lys de son domaine,
Plus qu'ensemble n'ont fait tous les Rois precedens,
De leurs biens iusqu'à luy depuis treize cens ans.
Entre tant de grandeurs, de palmes triomphantes,
La France en peu d'ans vit florir six ieunes plantes
De Marie, & de Henry, qui rempliront d'odeur
Vn iour tout l'vniuers, ainsi que de candeur.
Le renom de ses faits, mais plustost des miracles,
Acquit vn tel credit qu'on tenoit pour oracles
Ses Edicts, pour Statuts ses sages volontez,
Pour des preceptes saincts ses conseils souhaittez:
Le Conclaue sur tous monstra comme il les prise
En ce qui se passa pour le fait de Venise:
L'Italie les eut en respect merueilleux:
Les pays Bas tousiours se sous-mirent à eux:
Le Turc bien que loingtain de mesmes y defere,
N'accoisa seulement sa barbare colere
Contre tous les Chrestiens qu'il vouloit n'endurer,
Mais souffre aux Iesuites aussi d'y demeurer,
Tout le monde esbahy, plus que iamais l'admire
Qui sa grand' pieté, qu'il fait par tout reluire:
Qui sa grande valeur cogneuë à l'vniuers:
Qui sa grand' preuoyance aux accidens diuers:
Qui sa grande Iustice à tous sans difference:
Qui sa grande bonté vers qui luy fait offence:
Qui sa grande constance aux plus forts des dangers:
Qui sa grande faueur parmy les estrangers:

Qui sa grande conduite au fait de ses finances:
Qui sa grande sagesse en ses dons, recompenses,
Qui sa grande opulence en tous ses bastimens:
Qui de son grand Paris tant de beaux ornemens,
L'vn son port releué, l'vn sa face agreable,
L'vn son œil attrayant, l'vn son poil venerable,
L'vn son nez aquilin, l'vn son front martial,
L'vn ses conceptions, l'vn son discours Royal,
L'vn de son esprit prompt les promptes reparties,
Et tant d'autres vertus, graces, belles parties,
Qui luy font meriter de Grand l'illustre nom,
Et par toute la terre vn immortel renom:
Toutes les nations tiennent la France heureuse
D'auoir Henry pour Roy, chacune est amoureuse
De ses faits genereux, celle du pays Bas
Le voudroient la tenir; & luy tendent les bras,
Celles que le Rhim baigne ardemment le desirent,
L'Angleterre le veut, les Espagnes l'admirent,
L'Italie luy rit, & celles du Leuant
L'attirent à l'espoir de donner plus auant:
C'est à qui son amour monstrera la premiere,
L'Allemage le faict, dispose la matiere.
Cleues recourt à luy: Henry sa cause prend,
Se prepare au secours, la cuirasse il reprend,
Frappant d'vn pied à terre il fait sortir vn monde:
De guerriers aguerris dont ce guerrier abonde:
Sous le grand attirail de ses canons battans
La campagne gemit & les sillons flottans,
Tout rit à son bon-heur, sa fortune est cherie,
Il met dans S. Denis sur le chef de Marie
Les fleurs de sa Couronne il ne luy reste rien,
Apres l'entrée il part, afin de voir au sien:
Bien tost noũueaux lauriers, auec vne plus belle

Que tout l'vniuers offre, à sa gloire immortelle;
Parmy les appareils, d'allegraſſe & de rys,
Que la France faiſoit dedans ſon grand Paris,
Aux yeux des nations que l'Europe gouuerne,
Vn cruel parricide excité de Lauerne,
(O funeſte mal-heur!) Henry le Grand rauit,
Et le donne à la mort, qu'il ne ſentit, ny vit,
Changeant en vn long dueil vne ſi courte ioye:
L'ame laiſſe le corps, prit dans le Ciel ſa voye,
Où luiſante elle eſt veuë entre les demy-Dieux,
Qui ſont pour leurs vertus colloquez dans les Cieux,
Auec le bras armé pour deffendre ſans ceſſe
La gloire & le repos, que ſa grande proüeſſe
Acquit durant ſa vie, à la France icy bas,
Par tant de ſoin, d'efforts, de trauaux, de combats,
Et pour la rendre vn iour Royne de tout le monde,
Deſſous l'auſpice heureux de Louys où redonde
Son eſpoir à preſent, qui deſia ieune d'ans,
A monſtré ſon courage aux peuples Allemans:
Remporté de Iuilliers les gloires que Megere
Rauit à la valeur de ſon genereux pere,
A deliuré Geneſue, emſemble tous ſes forts,
Qui voiſinent ſon Lac, des Sauoyarts efforts:
Raſſeuré ſes pays, & donné l'eſpouuante
A tous les ennemis de France floriſſante.

Il a veſcu 56. ans 21. iours, retranchant les 10. iours de l'an 1582.
Et a regné Roy de Nauarre 37. ans 11. mois.
Et de France 20. ans, 9. mois 13. iours.

L'Aigle me porte, & ie porte le Lys:
L'Aigle & les Lys font les Roys accomplis.

De Louys XIII. du nom, Roy de France &
de Nauarre.

LOVYS treziesme du nom aagé de huict ans huict mois succeda à son pere HENRY LE GRAND, & le quinziesme de May s'achemina aux Augustins, où Messieurs de la Cour auoyent transferé leur siege, pour donner place aux ceremonies & magnificences, qui se deuoyent faire à l'entree de la Royne au Palais, seant en son lict de Iustice, où en la

presence de sa mere, qui fut assise à son costé, couuerte
d'vn crespe noir, assistee de quatre Cardinaux , de quatre Pairs de France Ecclesiastiques , de quelques Princes du sang, & d'autres Princes qui se rencontrerent en
Cour, monsieur le Connestable, auec plusieurs Ducs,
Pairs seculiers, Mareschaux de France , Officiers de la
Couronne, & Gouuerneurs des Prouinces, où apres les
Harangues pronõcees tant par la Royne, Monseigneur
le Chancelier, monsieur de Harlay premier President,
que de monsieur Seruin pour le Procureur general,
lesquelles tendoient à ce que la Royne fut esleuë Regente en France, comme il auoit esté arresté dudit Parlement les Chambres assemblees , où apres meure deliberation & sur les conclusions & à la Requeste du Procureur general , ladicte Cour declara ladicte Royne
mere du Roy , Regente en France pour auoir pendant
le bas aage dudit Seigneur son fils, l'administration des
affaires du Royaume, auec toute puissance & authorité. Faict en parlement le 14. May 1610.

Le Roy ayant ouy toutes lesdictes harangues, & reçeu le serment de fidelité de ladicte Cour , monsieur le
Chancelier monta au Roy y receut sa volonté, & estant
decendu & ayant pris l'aduis de messieurs les presidẽs,
celuy des princes, Ducs, pairs, & Prelats & Conseillers, & remonté en sa place prononça ces paroles ou
Arrest: Que le Roy seant en son lict de Iustice, par l'aduis des princes de son sang, autres princes , prelats,
Ducs, pairs, & Officiers de la Couronne, a declaré &
declare , suiuant l'Arrest donné en sa Cour de Parlement le iour & datte que dessus. La Royne sa mere
Regente en France pour auoir soin de sa personne &
administration des affaires de son Royaume, pendant
son bas aage , à limitation des Roynes Blanches , &

Marguerite tres-ſage & vertueuſes Princeſſes , dont
l'vne fut mere du Roy S. Louys, & l'autre femme dudit
S. Louys, lequel fut publié le 15. iour de May & enre-
giſtree en tous les Bailliages , Senechauſſees & autres
ſieges Royaux du reſſort de ladicte Cour, & en tous les
Parlemens ou Cours ſoueraines de ſon dit Royaume.
Monſeigneur le Prince de Condé, & monſeigneur le
Comte de Soiſſons, Princes du ſang , n'eſtant en Cour
pour quelques meſcontentement l'vn eſtant ſorty de la
France , dés la fin de l'an paſſé , & eſtant lors à Milan
reçeut aduis de la mort du Roy Henry le Grand , de
madame la Princeſſe de Condé ſa mere , lequel nonobſtant la facherie qu'il reçeut de ceſt aduis , fiſt tenir
lettres au Roy & à la Royne pour ſe condouloir auec
eux, de ceſt horrible aſſaſinat , commis à la perſonne
du Roy ſon Seigneur, auec toutes proteſtations,& of-
fres de fidelité, & de ſeruice à leurs Maieſtez, & atten-
doit l'honneur de leurs commandemens. La Royne
enuoya le Sieur de la Varenne vers monſieur le Comte de Soiſſons , lequel eſtoit ſorty de Paris cinq iours
auparauant le ſacre de la Royne , & eſtoit allé à vne
ſienne maiſon en la Beauce , pour luy donner aduis de
la mort du Roy ſon Seigneur , lequel à ſes nouuelles
demeura malade , & ne luy fut pas poſſibles de ſe rendre prés de leurs Maieſtez pour leur faire ſeruice & à
l'Eſtat,que le ſeiziéſme de May ,le Duc d'Eſpernon le
fut receuoir auec toute la nobleſſe.

Le 22. iour de Iuin la Royne par l'aduis de ſon Con-
ſeil,enuoya leuer le corps du Roy Henry III. Roy de
France & de Pologne qui eſtoit comme en depoſt à
Compiegne pour luy rendre les deuoirs que les viuans
doiuent aux morts. Le Duc d'Eſpernon & le ſieur de

Bellegarde grand Escuyer, eurent commandement d'y
aller accompagnez de grand nombre de Noblesse &
Officiers dudit feu Roy, & fut porté à S. Denis, où il
gist dans la caue où reposent le Roy Henry second son
pere, la Royne sa mere & deffunct Messieurs ses freres,
on a veu en huict iours enterrer deux Roys de France
tuez iniustement meschamment & malheureusement
par deux meschans perfides bourreaux, Tigres & Furies d'Enfer, l'vn Iacobin, & l'autre ayát esté Feueillan.
Reste à voir maintenant en sommaire le procez & execution de Rauaillac, suscité des Furies d'Enfer, à faire
ce meschant & detestable coup. Le 16. May Rauaillac
fut conduit de l'hostel de Rais, où il auoit esté deux
iours gardé par les Archers, à la Conciergerie, où il
fut veu & recogneu de plusieurs, & le 17. fut interrogé
par plusieurs, qui l'auoit meu à cest attentat, il respon-
dit par les sermons que i'ay ouys, par lesquels i'ay apris
les causes pour lesquelles il estoit necessaire de tuer vn
Roy Tyran, fut aussi examiné, de quelque Presidens
& Conseillers de la Cour, mais il n'eurent de luy autre
responce, qu'il n'auoit esté induit, poussé ny conseillé
de personne du monde & hors quelques paroles qu'il
auoit contre les puissances souueraines, & que faisant
la guerre au Pape, c'estoit la faire à Dieu, & que
le Roy ne vouloit faire la guerre aux Huguenots, &
autres meschantes paroles, il estoit ignorant & niais.
Or on n'estoit pas en peine de sçauoir qui auoit fait le
mal, mais d'où en estoit venu l'origine, & qui luy auoit
conseillé & commandé, ce fut pourquoy la Cour, de-
puta Messieurs les gens du Roy, Seruin, le Bret. & Du-
ret premier substitut du Procureur generel du Roy lesquels y apporterent tout ce qu'ils peurent innenter, &
tout ce que la prudence, le iugement, & la sagesse de

leur esprit peurent conceuoir, pour tirer de luy ce que
dit est, faisât venir tous ceux ausquels le criminel auoit
parlé, comme deux Iacobins, & vn ieune Cordelier,
lesquels aiant esté ouis furent renuoiez, bien est vray
qu'il auoit dit au Cordelier, que si le Confesseur deuoit
reueler la côfession d'vn qui luy diroit auoir eu vne té-
tation de tuer vn Roi, à laquelle demande le Religieux
ne print garde, les Religieux Iacobins le renuoyerent
au pere d'Aubigni Iesuite, c'est pourquoy Messieurs
les Commissaires l'examinerent s'il cognoissoit ledict
d'Aubigni, fit responce que ouy, & qu'il auoit parlé à
lui apres auoir oui la Messe, à la Chappelle de S. Louys
ruë S. Anthoine, apres Noël dernier, & monstra audict
d'Aubigni vn morceau de cousteau, où il y auoit vn
cœur & vne Croix, aux enseignes qu'il me dôna vn sol
ce que le pere d'Aubigni dit que tout cela estoit faux,
ledict Rauaillac soustint le contraire & dit qu'il auoit
esté cômuniqué audit d'Aubigni ses visiôs estâs en me-
ditatiô, ce que ledit pere d'Aubigni repliquant ausdits
Commissaires, que c'estoient toutes resueries fauses &
menteries, & qu'apres auoir fait vn si meschant acte, il
ne deuoit accuser les innocens ny les personnes à faux,
ains se contenter de ses pechez, & dit particulierement
à monsieur Seruin, que Dieu luy auoit donné ceste grace, que si tost qu'on lui auoit reuelé vne confession, que
Dieu luien ostoit la memoire: ce meschât en tout point
de Theologie estoit du tout ignorât: mais en la questiô
s'il est loisible de tuer vn Tyran, il sçauoit toutes les
deffaites. En fin apres tous les examens prestez par ledit
Rauaillac on fit & parfit-on son procez, monsieur le
Procureur du Roy pour son indisposition se fit porter
au Palais, pour prendre ses conclusions auec les Aduocats du Roy, dont fut prônôcé l'Arrest tel qui s'ensuit.

VEv par la Cour les grand' Chambres , Tournelle
& de l'Edit, assemblees Le procez criminel faict
par les Presidens & Conseillers à ce commis, à la requeste du Procureur general du ROY , à l'encontre de
François Rauaillac , praticien de la ville d'Angoulesme, prisonnier en la Conciergerie du Palais. Informa-
tion , interrogatoire , Confession, Denegation , Con-
frontations de tesmoing , Conclusions du Procureur
general du ROY. Ouy & interrogé par ladite Cour, sur
les cas à luy imposez, procez verbal des interrogatoires
à luy faicts à la question , à laquelle de l'Ordonnance
de ladicte Cour auroit esté appliqué le 25. de ce mois,
pour la reuelation de ces complices, tout consideré.

   Dit à esté que ladite Cour a declaré & declare ledict Rauaillac deuëment attaint & conuaincu de crime de zele Maiesté, diuine & humaine, au premier chef,
pour la tres-meschant , tres-abominable , & tres-detestable parricide , commis en la personne de feu ROY
HENRY IIII. de tres-bonne , & tres-loüable memoire. Pour reparation duquel l'a condamné &
condamne faire amende honorable deuant la principa-
le porte de l'Eglise de Paris , où il sera mené & conduit
dans vn tombereau, là nud en chemise, tenant vne torche ardente du poix de deux liures: dire & declarer que
mal-heureusement , & proditoirement il a commis ledit tres meschant tres-abominable , & tres-detestable
parricide , & tué ledit Seigneur Roy de deux coups de
cousteau dans le corps, dont se repend, demande pardon
à Dieu, au Roy, & à Iustice , delà conduit à la place de
Gréue, & sur vn eschafaut qui y sera dressé, tenaillé aux
mammelles, bras, cuisses, & gras des iambes, sa main dextre y tenant le cousteau duquel à commis ledit parrici-

de, ards & bruslez de feu de souffre, & sur les endroits
où il sera tenaillé, ietté du plomb fõdu, de l'huille boüil-
lante, de la poix raisine bruslante, de la cire & souffre
fondus ensemble. Ce fait, son corps tiré à quatre cheuaux, ses membres & corps consommez au feu, reduits
en cendres, iettees au vent. A declaré & declare tous &
chacuns ses biens acquis & consisquez au Roy. Ordonné que la maison où il a esté né sera desmolie, celuy à
qui elle appartiét prealablemét indemnisé sãs que sur le
fonds puisse à l'aduenir estre fait autre bastiment. Et
que dans quinzaine apres la publication du present Arrest à son de trompe & cry public en la ville d'Angoulesme, son pere & sa mere vuideront le Royaume, auec
deffences d'y reuenir iamais, à peine d'estre pendus & e-
stranglez, sans autre forme ni figure de procez. A fait &
fait deffences à ses freres, sœurs, oncles, & autres, porter cy apres ledic nom de Rauaillac, leur enioint le chã-
ger en autre sur les mesme peines. Et au substitut du
Procureur general du Roy, faire publier & executer le
present Arrest, à peine de s'en prendre à luy. Et auant
l'execution d'iceluy Rauaillac, Ordonné qu'il sera derechef appliqué à la question, pour la reuelation de ses
complices.

Prononcé & executé le vingt-septiesme iour de May, mil six
cens dix.

Signé,   VOYSIN.

Il se presenta plusieurs personnes à la Royne pour
faire mourir ce cruel bourreau, entre les autres vn bou-
cher qui promettoit de l'escorcher tout vif & de le faire durer lõg-temps, & lui reseruer assez de force apres
qu'il seroit despoüillé de sa peau pour endurer le supplice
la Royne en fit aduertir la Cour, laquelle recogneut le

zelle d'vne grande Princeſſe pour venger la mort de ſon Seigneur & mary, & d'vne mere pieuſe redoutant le Roy ſon fils, & les Princes ſes enfans que ſe grãd Dieu pere de miſericorde vueilles conſeruer la Royne leur mere, & tout le reſte des enfans de France : or ayant traicté ſommairement. Venons au Couronnement du Roy Lovys XIII. de ce nom.

La Royne noſtre tres-honoree Dame & Regente, ſous la perſonne de Louys XIII. ſon fils, & de ce grand Henry dont la terre cherit les cendres, le mõde honore la valeur, les hommes celebrent la memoire, le Ciel reuere les merites, & pour rendre nos deſirs ſatis-faicts mettre nos affaires en meilleure eſtat, leuer les pretextes & chaſſer les mesfiances, ſa diuine Maieſté la conduit comme par la main dans la ville de Rheims en Champagne, afin d'y receuoir le Sacrement ordonné pour le Roy Treſ-Chreſtien, dont ceux de France ont pris le tiltre à bon droict, & marqué leur zelle & leur affection au ſeruice de Dieu par ceſte qualité. Le Roy doncques & la Roine ſa mere partirent de Paris le Samedy ſecond iour du mois d'Octobre, accompagnez de la plus part des Princes, Princeſſes, Seigneurs, & Dames de leur Cour, & allerent coucher à Freſne, qui eſt vne fort belle maiſon appartenant aux heritiers de feu monſieur de Freſne Secretaire d'Eſtat, de laquelle ils ſortirent le Dimanche ſuiuant apres auoir oüy la Meſſe, & la Roine s'y eſtant communiee, tant à ſon accouſtumee, pour ce que c'eſtoit le premier Dimanche du mois, que pour bien heurer ſon voyage ils paſſerent au milieu de la ville de Meaux, dont les habitans auoient couuert les murailles de leurs maiſons de tapiſſerie, pour faire voir dauantage

leur affection au seruice de leurs Maieftez qui arriuerent à Mouceaux le mefme iour , & y feiournerent
iufques au Lundy vnziéme dudict mois , que contens
du plaifir de la chaffe, & raffafiez de la beauté de cefte
maifon ils en partirent pour aller coucher à Gandelu,
& le Mardy fuiuant à Fere en Tretenois où monfieur le
Conneftable à vne tres-belle maifon au milieu d'vn
grand parc, dans lequel le Roy eut le plaifir de la prinfe
de cinq ou 6. Daims le Mercredy matin & le foir il s'en
alla coucher à Feymes diftant de fix lieuës de la ville de
Rheims où fa Maiefté fit fon entree le Ieudy au foir en
cefte façon : Le Roi trouua à vne lieuë de ladite ville
vne bonne partie des trouppes de Cauallerie que Monfieur le Marefchal de la Chaftre auoit r'amenees d'Al-
magne, comme auffi la plus-part des compagnies entretenuës des Princes & Seigneurs, qui tous armez &
bien montez firent tout plein de beaux exercices au
milieu d'vne l'arge campagne deuāt fa Maiefté, laquelle
fut faluee au mefme lieu par cinquante hommes de ladite ville de Rheims , tous bien montez, & veftus d'habits gris couuerts de clinquant d'or, les harnois de leurs
cheuaux accouftrez de mefme forte. Le Roy fut reçeu
à la porte de la ville par les officiers d'icelle auec le
Clergé qui marchoit en proceffion chacun felon fon
ordre: On auoit fait vn efchaffaut aupres de ladite porte où fa Maiefté fe repofa, ouyt quatre harangues, & fit
collatiō: Puis enuiron les cinq heures du foir les compagnies entretenuës entrerent dans la ville en tres-bel
équipage, comme auffi Meffieurs du Clergé felon l'ordre qui leur auoit efté defigné, fçauoir eft l'Vniuerfité,
les Minimes, les Cordeliers, les Iacobins, les Auguftins
les Carmes , & les Curez des Parroiffes qui eftoient
douze ou treize: Apres fuiuoient les Artifans de ladite

ville, puis les Sergens, les Notaires, Procureurs, Aduocats, Esleus, & autres telle sorte de gens, tous en ha-
bit decent & conuenable : Puis entrerent les Gentils-
hommes & Seigneurs de la Cour, (les trompettes son-
nant d'vne agreable sorte,) les Cheualiers du sainct Esprit, les Seigneurs Mareschaux de la Chastre , la Ver-
din, & Bois Dauphin , marchoient au deuant du Roy:
& sa Maiesté passant sous le premier portail de ladicte
ville rencontra vne Nimphe bien vestuë, assise dans vn
chariot azuré, semé de Fleurs de Lys , deux ieunes gar-
çons la conduisant: elle s'aduança pour luy presenter les
clefs de la ville auec ces paroles.

> *Roy le premier des Reys fils aisné de l'Eglise,*
> *Et de ce Roy sans pair a qui tu symbolise*
> *En graces, en vertus en clemence en vigueur,*
> *Moy file de Remus, & vile de ton sacre;*
> *En te donnant mes clefs, à tes pieds ie consacre*
> *De tous mes Citoyens & les biens, & le cœur.*

Le Regiment des gardes frangeoit les deux costez de la
ruë, & dans la ville tout contre le mesme portail estoit
vn poisle de velours violet semé de fleurs de Lys d'or,
porté par les escheuins de ladite ville, lesquels voyant
entrer le Roy couurirent sa Maiesté dudit poisle, & en
ceste sorte le conduirent iusques dans l'Eglise nostre
Dame, où les Euesques de Laon & de Langres le receurent suiuis de plus de cinquante Chanoines ou autre
Ecclesiastiques qui tous couuerts de chappes de drap
d'or & thoile d'argent le menerent dans le cœur de ladite Eglise, où il fit sa priere tandis que les orgues & les
voix d'vn commun accord chantoient le *Te Deum*, de là
sadite Maiesté fut conduite à l'Archeuesché pour se re-
poser.

    Venons au Vendredy que le Roy fut à la Messe à

S. Remy, pour remercier Dieu des graces qu'il confere tous les iours à sa Maiesté. Il y veid la saincte Ampoulle, & le corps de Monsieur sainct Remy : le vespre de ce iour là fut employé à visiter l'Eglise de sainct Pierre, où madame l'Abbesse, fille de madame de Guyse, reçeut le Roy sous vn beau poisle preparé pour sa Maiesté au milieu de la nef, & luy fit baiser vne Croix d'or garnie de Reliques, puis elle le conduisit au plus haut du cœur de ladite Eglise pour ouir le *Te Deum* qui fut chanté par les Religieuses de l'Abbaye, le ROY voulut voir le lieu, toute la Cour y entra ce iour là, puis la nuict s'approchant sa Maiesté se retira iusques au Samedy matin qu'il fut à la Messe à sainct Nicaise, où il vit, entre plusieurs belles Reliques, le chef de S. Sixte, que l'on dit auoir esté le premier Archeuesque de Rheims. Et enuiron les quatre heures du soir, monsieur le Cardinal de Ioyeuse entra dans l'Eglise nostre Dame, reuestu d'vne Chappe rouge, bordee d'or, vne tres-riche Mittre en la teste, accompagné de six Euesques richement accoustrez : ledict sieur Cardinal s'en alla droict au cœur, où il rencontra Monsieur le Cardinal de Gondy, assis au costé droit de l'Autel qui se leua : puis ledit sieur de Ioyeuse ayant fait vne reuerence se tourna deuers le sieur de Gondy, & s'estant entre-salué, ledit sieur de Ioyeuse s'assist dans vne chaire preparee pour luy tout au coing de l'Autel, en attendans le Roy qui bien tost apres arriua, suiuy de Messieurs les Princes de Condé, Conty, Soissons, Neuers, & d'Aiguillon : Deux Massiers marchoient deuant sa Maiesté, qui saluee par ledit sieur Cardinal de Ioyeuse, se mit à genoux sur vn drap de pied & carreau de velours violet, semez de Fleurs de Lys d'or, couuert d'vn poisle de mesme façon, preparé pour sa Maiesté, au mi-

lieu du cœur à cinq ou six pieds dudit Autel. A mesme temps arriua la Roine qui print sa place au costé
droict dudict Autel sur vn eschaffaut que l'on y auoit
dressé pour cest effect. Et la Roine Marguerite , mes
Dames les Princesses d'Orange , Conty & de Guyse,
se placerent aupres du Roy, qui fit commencer tout incontinent les Vespres auec la musique , & les instru-
ments : puis sur la fin desdites Vespres , le Reuerend
Pere Coton reuestu d'vn surplis , vn manteau noir au
dessus se prosterna deuant ledit sieur Cardinal , qui luy
donna la benediction pour le sermon, & ledit Pere Coton se retira sous vn pauillon de damas violet, bordé de
demi pied de velours violet semé de Fleurs de Lys d'or,
ou sa Maiesté vint tout aussi tost , & se mettant à genoux deuant ledit Pere , fut instruict & ouy par luy en
confession : cela fait le Roy retournant en son siege,
ledit Pere Coton monta en chaire , & prescha du Sacrement de Confirmation : Apres la musique , commença le *Veni-creator* , le Roy s'approchant de l'Autel
receut le Sacrement de confirmation, par les mains de
monsieur le Cardinal de Ioyeuse , puis les actions de
grace estant parachenees , sa Maiesté se retira iusques
au Dimanche matin : Mais tandis que la nuict se passe-
ra, seruons nous en pour d'escrire la façon des sieges
& des tapisseries qui estoient tant à l'entour du cœur
de ladite Eglise, que dedans icelle.

Premierement tout le cœur de ladite Eglise de nostre Dame , auoit son paué couuert de Tapisseries de
Turquie, & comme pour voir des grandes pieces de
velours bleu, semé de Fleurs de Lys d'or à chasque costé tirant droict sur deux montees couuertes de la mesme estoffe , & les appuis d'icelles d'vn grand drap d'or
tout neuf, elles estoient faites pour aller sur vne platte
forme

orme dreſſee au deſſous du Crucifix , ſur la porte dudit
chœur, laquelle plate forme eſtoit couuerte d'vn beau
ͣais,de velours violet, ſemé de Fleurs de Lys d'or , & y
ͣuoit ſur icelle vne chaire auec vn oratoire, & vn drap
ͥe pied de meſme ſorte , & ſur le deuant de ladite plate
ͦrme eſtoit vn grand tapis de velours violet, ſemé de
ͦleurs de Lys d'or , ayant au milieu les armes de France,& de Nauarre , au coſté droict de ladite plate for-
ͫe eſtoit vn Autel garny de velours violet , ſemé de
Fleurs de Lys d'or , & ſur les coſtez de la chaire de ſa
Maieſté,eſtoient deux formes couuertes de meſme , à
chaſque coſté de l'oratoire deux ſieges , & deuant ice-
ͧy trois places, le tout couuert de riches eſtoffes : Sur
ͭes chaires des Chanoines eſtoient des eſchafaux garnis
ͩe ſatin rouge cramoiſi , couuert de broderie d'or &
d'argent au coſté droict dudict chœur, & tout proche
l'Autel,eſtoit vn échauffaut couuert encouttiné de ve-
ͭours violet, brodé d'or & d'argent , & les colomnes
reueſtuës du meſme velours : mais ſemé de Fleurs de
Lys d'or, le bas eſtoit couuert d'vne belle tapiſſerie de
ſoye, d'or & d'argent,à coſté droit & vis à vis du ſuſdit
eſchaffaut , y en auoit vn autre garny d'vne meſme tapiſſerie. En bas au deuant de l'Autel huict ou dix pieds
en arriere, eſtoit vne petite plate forme , & ſur icelle
vn oratoire couuert d'vn drap de pied & carreau de velours violet,ſemez de Fleurs de Lys d'or , & au deſſus
pendoit vn poëſle de meſme eſtoffe & façon , au coſté
droit contre le coin dudict Autel eſtoit vne chaire couuerte de drap d'or , & de chaſque coſté dudict chœur à
trois ou quatre pas de l'Autel,eſtoiét trois longues formes : les deux premieres couuertes de velours violet, ſemé de Fleurs de Lys d'or , & les aurtes de drap
d'or, & autres riches ornements , toute l'Egliſe eſtoit

M.

tendue de plus belles tapiſſeries qui ſe puiſſent voir.
La nuict finiſſant les tenebres , on commença le Dimanche matin dix-ſeptiéme dudit mois à proceder au
ſacre, & pour ceſt effect, entre les ſix & ſept heures du
du matin, meſſieurs les Cardinal de Ioyeuſe , l'Eueſque
Duc de l'Aon , l'Eueſque Duc de Langres , l'Eueſque
Comte de Beauuais , l'Eueſque Comte de Chaalons,
l'Eueſque Comte de Noyon, vindrent dans le chœur de
ladite Egliſe noſtre Dame, reueſtus de chappes & my-
thres fort richement ornees , & comme Pairs d'Egliſe prindrent leurs places ſur la premiere forme à main
droicte , & Monſieur le Cardinal de Ioyeuſe print la
ſienne au coing de l'Autel dãs vne chaire preparee pour
luy au meſme coſté : cependant le Roy enuoya Monſieur le Marquis de Sablé, les ſieurs de Beauuais Nan-
gis de Rabat, & de Chebanton en l'Abbaye de ſainct
Remy , ſupplier le grand Prieur de l'Abbaye , de venir
& apporter la ſaincte Ampoulle , auec promeſſe de la
rendre , le Sacre parachevé, cependant meſſieurs les
Pairs lays arriuerent au cœur de la ſuſdite Egliſe, habillez d'vne Tunique de toille d'argent rayee d'or, longue
iuſques à my iambe, tous l'eſpee au coſté , vn grand
manteau par deſſus drappee, teinte en eſcarlatte violet-
te, le collet rond & renuerſé, le tout fourré d'Hermines mouchetees, les teſtes nuës , entourees de chappeaux ou cercles d'or. Et prindrent leurs places ſur la
premiere forme du coſté gauche. A ſçauoir, monſieur
le Prince de Condé faiſant l'office du Duc de Bourgongne, mõſieur le Prince de Conty faiſant l'office du Duc
de Normandie, monſieur le Comte de Soiſſons faiſant
l'office du Duc de Guyenne monſieur de Neuers faiſ-
ſant pour le Comte de Thoulouſe , Monſieur d'Elle-
bœuf faiſant l'office du Comte de Flandres , monſieur

d'Espernon faisant l'office du Comte de Champagne,
en cest ordre s'assirent doncques ces Seigneurs, & tout
à l'heure furent deputez pour aller querir le Roy, messieurs l'Euesque Duc de Laon, & l'Euesque Comte de
Beauuais: lesquels accompagnez des chanoines, Vicai-
res & chappelains de ladite Eglise, portant des Reliques à leur col, les deux Croix, cierge & Eau benite deuant eux, s'en allerent processionnellement en la chambre du Roy qu'ils trouuerent couché sur son lict, vestu
d'vne chemise de toille d'Hollande, & d'vne camissolle
de satin rouge cramoisi, le tout fendu deuant & derriere, & sur cela vne longue robbe de toile d'argent
blanche auec vne tocque de velours noir en la teste, le
cordon de pierreries, & le pannache blanc. Sa Maiesté
fut saluee par eux auec de belles Oraisons, & amenee
quand & quãd au chœur de ladite Eglise, les gardes des
Suisses marchans deuant, vestus de velours bleu & roze
seiche, bouffant le taffetas incarnat & blãc, le bonnet de
velours noir en la teste, & vne plumeblãche, ils estoiẽt
conduits par le Colomnel Glati nouuellement reuenu
d'Allemagne, où il estoit allé pour le seruice de sa Maiesté, les trompettes alloiẽt apres vestus de taffetas blãc
vne casaque de velours bleu, galonnee d'argẽt, les cou-
uroit iusques aux genoux, les herauts & Roys d'armes
auec leurs cottes d'armes de velours violet, sçauoir celles des Herauts couuertes de Fleurs de Lys d'or, & celles des Roys d'armes ayant deuant & derriere les armes
de France & de Nauarre, tous la tocque blanche, l'ha-
bit & le manteau de mesme parure, marchoient dernier les trompettes : puis suyuoient les Seigneurs &
Gentils-hommes de la Cour, & les cheual'ers du sainct
Esprit: Monsieur le Mareschal de la Chastre venoit a-
pres faisant l'office de Connestable, puis le Roy, mar-

choit, & apres sa Maiesté, Monsieur le Chancelier qui
alloit tout seul auec son manteau rouge, & son mortier
fourré d'Hermines mouchetees, apres luy estoient encor à main droitte monsieur le Duc d'Aiguillon grand
Châbelan, à main gauche & vis à vis monsieur le Grãd,
& au milieu monsieur le Mareschal de Lauerdin faisant
l'office de grand Maistre, lesquels auec monsieur de la
Chastre estoient vestus tout ainsi que les Pairs lays, les
trompettes & tembours sonnants, le Roy entra dans le
chœur de l'Eglise en ceste maniere où monsieur le Cardinal de Ioyeuse le voyant arriuer se leua de son siege,
& luy fit vne profonde reuerence, & sa Maiesté l'ayant
salué print sa place au milieu du chœur sur la platte forme posee entre messieurs les Pairs. Vn peu plus bas derriere la chaire du Roy, estoit assis tous les Seigneurs &
officiers de la Couronne, chacun en son rang & degré,
plus bas à main droicte dans les quatre premiers sieges
des Chanoines estoyent quatre Cheualiers du S. Esprit,
destinez pour porter les offrandes du Roy, monsieur le
Vidame du Mans Capitaine des cent Gentils-hommes
de la maison du Roy, estoit au costé droict du marche-
pied de l'Autel. La Royne estoit sur l'eschaffaut preparé pour sa Maiesté à la main droitte, & auec elle estoiết
la Royne Marguerite, mes Dames les Princesses d'O-
range, de Conty, & de Montpensier. Messieurs de
Souuray de Chasteau-vieux, de Ville-Roy, & de la Cha-
staigneray, vis à vis à main gauche, sur vn autre eschaffaut estoient messieurs le Nonce du Pape, Ambassadeur de Sauoye & autres Seigneurs estrangers, & sur
les autres eschaffaux les Dames & Damoiselles suyuan-
tes la Court: Monsieur de Rodes grand maistre des ceremonies, ayant ainsi mis chacun en sa place, le Prieur
de Saint Remy arriua à la porte de ladite Eglise nostre

Dame, monté ſur vne hacquenee blãche, auec la houſſe
blanche en broderie d'argent, couuert d'vn poëſle de
toile d'argent blanche, porté par quatre Religieux de
ladite Abaye, & accompagné des Gentils-hommes que
le Roy luy auoit enuoyez, leſquels faiſoient porter deuant eux des drappeaux de taffetas blanc auec leurs armes peintes au milieu. Ledit ſieur Prieur deſcendu de
cheual entra dans le cœur de ladite Egliſe, touſiours
couuert du ſuſdit poëſle, Monſieur le Cardinal de Ioyeuſe le voyant arriuer s'auança & receut des mains dudit ſieur Prieur ladite ſaincte Ampoulle: laquelle eſtant
portee ſur l'Autel par mondit ſieur le Cardinal, & paſ-
ſant deuant le Roy, ſa Maieſté ſe leua pour la reuerer,
& lors ledict ſieur Prieur ſe mit au coſté droit dudict
grand Autel, tandis que Monſieur le Cardinal portoit
ladicte ſaincte Ampoulle, & pendant que la muſique
chantoit vn motet, il ſe retira à main droite dudit Autel, & quittant ſes habits, ſe reueſtit de ceux qu'il faut
pour celebrer la Meſſe: ainſi habillé & aſſiſté de deux
Eueſques pour dire l'Euangile & l'Epiſtre, & de grand
nõbre de Diacres & ſous Diacres, il vint deuãt l'Autel,
où ayant fait vne humble reuerence, il ſe tourna deuers le Roy, & le ſalua, puis s'approchant de ſa Maieſté,
il receut ſes ſermens & promeſſes faites auec parolles
Latines, pour toutes les Egliſes à luy ſuiettes: cela fait,
Meſſieurs de Laon, & de Beauuais ſou-leuerent le Roy
de ſa chaire, & ſa Maieſté fit vne autre promeſſe &
ſerment, que l'on appelle du Royaume, les mains ſur
l'Euangile qu'il baiſa apres auoir fait ladicte promeſſe,
puis monſieur le Cardinal retournant à l'Autel, le Roy
fut amené deuant iceluy, par leſdits ſieurs de Laon &
de Beauuais: & lors Monſieur d'Aiguillon luy oſta ſa
robe lõgue, & ſa Maieſté eſtant en camiſole, monſieur

le Cardinal dit certain nombre de belles Oraiſons ſur
luy, leſquelles finies, ledit ſieur d'Aiguillon luy chauſ-
ſa les botines, ou ſandales, puis monſieur le Prince de
Condé luy mit les eſperons, & les luy oſta incontinent
apres cela monſieur le Cardinalfiſt la benediction ſur
ſon eſpee, eſtant dans le fourreau, & la luy mettant au
coſté, il en oſta luy meſme quant & quant : & la tirant
du fourreau qu'il laiſſa ſur l'Autel , & diſant quelques
Oraiſons la mit és mains du Roy , qui durant icelles la
tenoit toute nuë, la pointe côtre mont: mais icelles finies, il la mit ſur l'Autel, & môſieur le Cardinal la repre-
nant la luy remit entre les mains le Roy eſt ãt à genoux
lequel la donna auſſi toſt à monſieur le Mareſchal de
la Chaſtre faiſant l'office de Conneſtable , qui la tint
nuë en la main durant le Sacre , & le diſner du Roy ſur
lequel monſieur le Cardinal dit encor de belles Oraiſons, puis ſe tournant deuers l'Autel il print la plataine
du Calice de monſieur S. Remy , ſur laquelle il mit du
ſainct Chreſme, & auec vne eſguille d'or tira de l'hui-
le tres-ſacree de la ſaincte Ampoulle, qu il meſla auec
le doigt parmy le ſainct Chreſme : cependant la muſique chantoit des Verſets, & ſur la fin monſieur le Cardinal dit vne Oraiſon ſe proſternant apres auec le Roy
ſur vn grand carreau de velours cramoiſi, pour mediter
en attendant la fin des Letanies qui furent chantees par
le chœur. Le Roy & mondit ſieur le Cardinal ſe remi-
rent ſur leur acoudoir , & les Eueſques pourſuiuirent
le reſte de la Letanie , laquelle eſtant paracheuee , ſa
Maieſté & les Eueſques ſe proſternant en terre &
monſieur le Cardinal eſtant debout , dit haute voix,
Pater noſter, puis le cœur luy aiant reſpondu il à dit beaucoup de belles Oraiſons ſur le Roy, eſtant mondit ſieur
le Cardinal aſſis, comme quand il conſacre vn Eueſ-

que. Apres que ces longues Oraisons furent finies,
monsieur le Cardinal tenant la platine ou estoit la sacree onction, commença à oindre & sacrer le Roy sur
la teste, puis ses camisolle & chemise luy estant ou-
uertes premierement en la poictrine, puis entre les deux
espaules, & encor sur chacune d'icelles : comme aussi
dans les plis des bras , Monsieur le Cardinal disant à
chacune desdites onctions.

*Vngore in Regem de oleo sanctificato. † In nomine Patris,
& † Filis & † Spiritui Sancti.*

Tous respondoient. *Amen.*

Tout le reste du Sacre se passa selon comme l'on à
accustumé d'vser en telles ceremonies,& principalle-
ment au sacre dernier de tres-louable memoire nostre
Henry le Grand, qui fut à Sainct Denis. Le feu Roy
Henry le Grand ayant promis tout secours aux Princes de Brandebourg, & Neubourg,heritiers de la maison de Iuilliers, & Cleues, voyant qu'ils estoyent les
vrays heritiers, tenoit son armee toute preste pour par
apres s'acheminer apres l'entree de la Royne, mais il
en fut bien empesché, par l'assassinat commis en sa per-
sonne:si est ce que le Roy son fils à present regnant,
par l'aduis de la Royne sa mere & de son Conseil, ne
voulut contrevenir à la promesse faicte par le feu sieur
Roy son pere, firent à cheminer les canons que le Roy
auant sa mort, auoit fait conduire à Chaalons, Mets,&
à Messieres, auec toutes les munitions de guerres,dou-
ze mil hommes de pied François, & deux mil de cheual,sous la charge & conduitte de Monsieur le Mareschal de la Chastre , lequel arriua au siege de la ville de
Iuilliers,le 18. Aoust 1610. Monsieur le Comte Maurice le fut receuoir auec six compagnies de gens-d'armes, le Mareschal arriue en son cartier qui estoit au

delà de la riuiere du Roüer, auquel le Comte auoit faict faire tous les retranchemés à ce necessaire: Il salua Inilliers de 4 coups de canon, la ville fut batuë de 40. canons qui tiroyent continuellement, ce que voiant les assiegez demanderent à parlementer, & à pres auoir baillé ostage, & plusieurs difficultez resoluës de part & d'autre, la ville fut renduë le Ieudy deuxiesme Septembre audit an.

Le Roy par l'aduis & conseil de la Royne Regente sa mere, & des Princes de son sang, autres Princes, Ducs, Paris, & Officiers de sa couronne, &c. Donne ses lettres patentes à Paris, datees du 22. May, contenant le vouloir & intention de sadicte Maiesté, pour l'execution & entretenement de l'Edict de Nantes, & articles accordez à ses subiects, faisans profession de la Religion pretenduë reformee, publié en la Cour de Parlement de Rouen le 28. May 1610.

La Cour de Parlement de Paris, les grand Chambres, Tournelle & de l'Edict, procedant au iugement du procez côtre ce cruel & tres-meschât patricide Rauaillac, ordône que à la diligence des Doyen & Sindic, de la Faculté de Theologie de Paris, ladicte Faculté sera assemblee au premier iour, pour deliberer sur la confirmation d'icelle, du 13. Decembre 1413. resolu par la censure de 141. docteurs de ladicte Faculté, depuis authorisé par le Concile de Constance: Qu'il n'est loisible à aucun pour quelque cause ou occasion qui puisse estre, d'attenter aux personnes sacrees des Roys, & autres Princes souuerains. Et que le Decret qui interuiédra en ladites assemblee, sera soubssigné de tous les Docteurs de ladicte Faculté, & de tous les Bacheliers qui sont au cours de Theologie, pour ledit decret estre communiqué, au Procureur general du Roy, faict en

Parlement le 27. May 1610. Signé Voysin.

Ladicte Faculté pour satisfaire audit Arrest, si iuste & necessaire, & ayant fait assembler ses deputez, & depuis traitté ledit affaire en ladicte assemblee generale, en laquelle ayant consideré qu'elle est obligee donner son aduis & censure doctrinale, à tous ceux qui la demandent, ce qui fut fait, & ayant tous opiné & donné leur aduis : LADICTE FACVLTÉ, d'vn commun accord, & d'vne ferme resolution, deteste & condamnent telles doctrines estrangeres & seditieuses, comme impies heretiques, ennemis de la societé humaine, de la paix, tranquilité publique & de la Religion Catholique : en foy & tesmoignage dequoy elle a estimé renouueller son ancien decret, conclu & resolu y a 200. ans, par l'aduis de 141. Theologien, sur la condamnation de ceste proposition execrable.

Vn Tyran quel qui soit, peut & doit licitement & meritoirement estre occis par vn sien vassal ou suiect quel qu'il soit, &c. Partant ladicte sacree Faculté ayant derechef exactement & soigneusement examiné, tous les Docteurs en general & en particulier, est d'auis, que l'ancienne censure de ladite Faculté, confirmee, par ledit Concile de Constance soit non seulemét renouuellee : mais aussi bien imprimee en l'esprit de tous les hommes, & que c'est chose seditieuse, impie & heretique d'attenter & mettre le mains violentes sur les sacrees personnes des Roys & Princes, quelque pretexte que tout subiect vassal ou estranger quelconque puisse prendre ou rechercher, voulant que tous les Docteurs, & Bacheliers, en Theologie, au iour que l'on a de coustume de faire serment, de garder les statuts & articles de ladicte faculté, iureront aussi & promettront sous leur seing d'enseigner la verité de ce decret, soit lisant la Theologie ou preschant la parole de Dieu , & que ce present acte sera Imprimé & publié tant en Latin que en Fráçois, *Par le commandement de Monsieur le Doyen, & de la tres sacrée Faculté de Theologie, signé de la Cour auec son Paraphe.* Sur ce la Cour de Parlement ayant receu ledit decret, & apres meure deliberation donne son Arrest les Chambres , que le liure de Iean Mariana Iesuite intitulé, *De Rege & regis institutione*, Imprimé tant à Mayence qu'autres lieux, contenât plusieurs blasphemes execrables contre le feu Roy Henry III. de tres-heureuse memoire, les personnes & estats des Roys & Princes souuerains & autres propositions contraires audit decret, & ce requerant le Procureur general du Roy, qu'il sera registré és registres de ladicte Cour , & leu à pareil iour 4. Iuin en l'assemblee de ladicte Faculté & publié au premier iour de Dimenche, és Prosnes des Paroisse: de ceste ville & faux-bourgs de Paris , ladicte Cour ordonne que ledit liure de Mariana sera bruslé par l'executeur de la haute Iustice , deuant l'Eglise de nostre Dame de Paris, & fait inhibitions & deffences à toutes personnes de quelque estat & condition qu'elles soyent, sur peine de crime de leze Maiesté, de vendre ou faire Imprimer aucuns liures ou traictez contreuenant audit Decret & Arrest d'icelle, &c. Fait en Parlemét le 8. iour de Iuin 1610. & executé ledit iour, voyez le liure intitulé L'anti-Mariana.

Il y eut vn autre Arrest donné à ladicte Cour de Parlement de Paris , le Vendredy 26. de Nouembre 1610. les grands Chambres, Tournelle & de l'Edict, assemblees contre le liure intitulé, *Tractatus de potestate summi Pontificis in Temporalibus aduersus Guillelmum Barclaium, authore Roberto , Sanctæ Ecclesiæ Romanæ Cardinali Bellarmino,* Imprimé à Rome , par Barthelemy Zannetti l'an 1610. Conclusion du Procureur general du Roy, ladicte Cour a faict defences à toutes personnes de quelque estat & condition qu'elles soyent, sur peines de crime de leze Maiesté receuoir, retenir, communiquer, Imprimer, faire Imprimer, ou exposer en vente ledit liure, contenant vne fausse & detestable proposition tendante à l'euersion des puissances souueraines, ordonnees & establies de Dieu, souslenent des subiects contre leur Prince, substraction de leur obeyssance, induction d'attenter à leurs personnes & estats, & troubler le repos public. A fait & fait pareilles inhibitions & deffences, sur la mesme peine à tous Docteurs, professeurs & autres, de traicter, disputer, ny enseigner directement ou indirectement en leurs Escoles, Colleges & tous autres lieux, la susdicte proposition, &c. *signé du Tillet*. Ce vingt quatriéme iour de Ianuier mil six cens treize, furent publiees au soulagement du peuple par tous les Parlemens de France les lettres Patentes de declaration du Roy, pour l'obseruation & entiere execution des Edicts de Nantes, Declaration, & Articles particuliers, Reglements, Arrests & autres Lettres expediees en consequence & pour l'interpretation & execution d'iceux : en faueur de ses subiects faisans profession de la Religion pretendue Reformee.

Ce douziesme iour de Feburier mil six cens treize, furent publiees les lettres Patentes du Roy, Confirmatiues des precedents Edicts & Declarations, Sur la defence des Querelles, Duels, Combats, Appels, Recherches, & Rencontres.

FIN.

LE CAROVSEL DES POMPES ET MA-
gnificences faictes en faueur du mariage du Tres-Chrestien Roy
LOYS XIII. Auec Anne Infante d'Espagne, le Ieudy, Vendredy, Samedy, 5. 6. 7. d'Auril, 1612. en la place Royalle à Paris.

Par tous les Princes & Seigneurs de France.

PRemierement, Monsieur le Duc de Guise, monsieur le Prince de Iainuille, monsieur le Duc de Neuers, monsieur de Bassompierre, & monsieur le Baron de la Chastaigneraye entrerent auec tel ordre, comme estans les Cheualiers de la Gloire, & soustenans dudit Chasteau de la Felicité.

Vingt quatre trompettes habillez de toile d'argent.

Cinq Escuiers habillez de velours rouge, couuerts de passement d'argent portans leurs armes : leurs cheuaux caparaçonnez.

Douze tabours à cheual habillez de toile d'argent, & chacun deux tabours à l'arçon de la selle, sonnans plusieurs sons aggreables.

Trente six cheuaux bardez, menez par deux hommes chacun, habillez de toile d'argent blanc & rouge.

Cinq Geans auec arcs, & flesches & massuës, habillez de diuerses couleurs.

Vne machine faite en rocher & couuert d'arbrisseaux, dãs lequel y auoit vne musique de haut bois, vn arbre dedans, au bout duquel y auoit vn monde & autour cinq escussons, traisné par six cheuaux en rang, couuerts de toile d'argent blanc & rouge.

Trente pages habillez de mesme toile d'argent, portans chacun vne lance auec enseignes blanc & rouge.

Vne autre machine trainée par huict cheuaux couuers de deux aisles de plumes blanches fort hautes, dans laquelle estoit vne musique.   Deux Turcs.

Six pages d'honneur bien montez & bien habillez.

Six pieces de grands cheuaux couuerts de broderie, menez chacun par deux estassiers.

Cinq estaffiers tous couuerts de passemens d'or.

Apres suiuoit lesdits Seigneurs, habillez de broderie d'or, & d'argent, & leurs cheuaux semblablement, portant lances & estandars rouges.

LA premiere compagnie des Assaillans estoit celle de Monseigneur le Prince de Conty, assisté de monsieur le Cheualier de Guise, môsieur le Conte de sainct Agnen, monsieur le Vidame de Chartres, monsieur le Comte de Croisi, monsieur le Marquis de Rouillac, monsieur le Baron de Fontaine Chalendray, mônsieur de la Bourdesiere, monsieur le Baron de Tasse, monsieur le Baron de la Ferté Imbault, monsieur du Pelché de Mery, monsieur de Marillac, monsieur le Baron de saint André de Vias, & monsieur de Bezy.

Monsieur le Maréschal de Bois-dauphin, Maréschal de Camp, accompagné de monsieur du Pelché, & monsieur de Palaiseau, parrains, pour demander le camp.

Premierement entra douze trompettes à cheual, habillez de toille d'argent en esclaues mores.

Vingt cheuaux bardez de toille d'argent de differentes couleurs, en broderie d'or, semez de Soleils & fleurs, menez par chacun deux esclaues.

Le grand Escuyer, seul estoit deuant vingt quatre pages, portans les vns lances, les autres escus, habillez de toille d'argent, chamarrez de passement d'or en broderie & semez de Soleils.

Deux Escuyers derriere auec mesmes habits.

Deux Elephans qui portoient chacun vne pyramide carree.

Vn Chariot de triomphe mené par 7. cheuaux, quatre de front, & trois derriere plein d'vne musique excellente.

Trente estaffiers habillez de velours rouge, couuers de clincans d'or.

Vne machine en forme d'vn bois, dans lequel estoit Orphee, accompagné d'vne musique de luths & de voix, tous petits enfans, qui alloit d'elle mesme.

Trois escuyers bien montez portans lances & escus habillez comme les precedens.

Apres marchoit mondit seigneur le Prince & sa compagnie.

LA deuxiesme compagnie estoit celle de Monsieur de Vandosme, Monsieur le Marquis de la Vallette, Messieurs Pluuinelle, & Beniamin, & le Baron de Pocherau.

Douze trompettes habillez de toille d'argent blanc & rouge.

Vingt quatre pages auec lances & Guidons habillez de velours, noir, blanc & rouge, chamarrez de passement d'argeut.

Six Escuyers portans des bannieres de France habillez semblablement.

Vne machine menee par six cheuaux, qui estoit deuant & derriere remplie de douze petits enfans en forme de Cupidons, deux grandes Couronnes portees sur colomnes où a chacune d'icelles il y auoit vne petite couronne à l'entour.

Deux esclaues vestus de couleur d'Isabelle & passement d'argent.

Vne musique à pied, composee de tabours, fiffres & hauts-bois fort aggreable, qui sonnoit vn ballet sur lequel dansoyent à cheual, lesdits Seigneurs auec six Escuyers autour qui estoit vne chose digne d'admiration.

Dix-huict cheuaux caparaçonnez de satin noir, blanc & rouge en broderie menez par chacun deux estaffiers.

Trente-deux estaffiers habillez de velours desdictes trois couleurs, & le pourpoint de toile d'argent.

___

LA troisiesme compagnie fut celle de Messieurs le Comte de la Rochefoucaut, le Duc de Rets, le General des Galleres, le Marquis de Ragny, le Baron de Senecay & le Baron de Bressieux.

A leur teste marchoient huict trompettes habillez de toile d'argent blanc & bleu.

Quinze cheuaux bardez, menez par chacun deux estafiers habillez de satin bleu auec passemens d'or.

Dix-huict pages auec lances & guidons semez de chiffres d'argent, habillez de satin bleu auec passement d'or.

Vne machine traisnee par six petits cheuaux faits en Leoparts, ayant vne piramide au mitan, vne croix d'or au bout, pleine de voix & d'instrumens & a costé estoient attachez douze Seuuages, corps & pieds nuds.

Cinq cheuaux d'honneur caparaçonnez de broderie d'or
sur du satin bleu, menez par chacun deux estafiers couuerts
de passement d'or.

Cinq escuyers portans les armes, lances & guidons, montez sur des superbes cheuaux & magnifiquement habillez,
tous couuerts de passements d'or.

Douze cornets à bouquin vestus de toille d'argent blanc
& bleu.

Quatre Roys captifs.

Vne autre Machine en forme d'ovalle & carree par bas
entouree de huict Roys esclaues enchainez par le col, dessus
laquelle machine y auoit six deesses de bronze fort bien
elabourees, & au deuant vn homme en forme d'Euesque, qui
donnoit les cartels à vn chacun.

Douze autres trompettes.

Vingt estafiers habillez de satin bleu & passement d'or,
coiffez à la turque.

Six estafiers habillez de rouge couuerts de passement
d'argent.

Cinq escuyers bien vestus portans lances & guidons.

Apres marchoient lesdits Seigneurs superbement accoustrez & bien montez, tous couuerts de pennaches blancs
& bleu, tant sur eux, que sur les cheuaux.

L A quatriesme compagnie qui entra fut Monsieur de Longueuille.

Premierement douze trompettes, partie desquelles e-
stoyent habillez de satin gris de lin, auec passement d'argent,
semez d'aigles d'argent sur leurs habits, & l'autre partie de
toile d'argent.

Douze cheuaux bardez, couuerts de satin, couleur de
pensee, en broderie d'argent. Dix-huict estaffiers habillez de
mesme broderie tenans chacun vne hache en la main.

Deux Escuyer bien montez & richement habillez.

Dix-huict pages sur des grands cheuaux couuerts de broderie d'argent.

Six cornets à bouquin bien vestus.

Vne machine enrichie d'or, tiree par quatre cheuaux en
vn rang, dans laquelle y auoit vne musique fort excellente.

Deux Reinoceros.

Deux Geans bien reprefentez.

Vne autre Machine carree & vne colone deſſus, fur laquelle y auoit vn cupidon d'argent & autour fix perſonnages.

Deux cheuaux d'honneur.

Deux efcuyers d'honneur fort magnifiques & bien montez.

Vingt quatre eſtaſiers couuerts de broderie d'argent.

Apres paroiſſoit Monſieur de Longueuille fur vn beau cheual blanc, habillé d'vne fuperbe broderie d'argent , & apres luy fix Gentils-hommes auſſi richement veſtus.

LA cinquiefme compagnie, fut de Meſſieurs de Chaſtillon, Beuuron & Bocart, en deuoit eſtre feu Monſieur de Balagny, qui repreſentoient les quatre Roys de l'Air par vne Nauire.

Premierement douze trompettes habillez de jaune violet, & gris de lin, auec paſſement d'argent.

Huiĉt pieces de grands cheuaux couuerts de meſme couleur, auec quantité de paſſement d'argent.

Neuf pages bien montez & couuerts de clinquant d'or eux & leurs cheuaux.

Vne Nauire bien repreſentee flottante fur l'eau , & autour de laquelle y auoit vne muſique de cornets a bouquin deſcouuerte à demy corps.

Dix-huiĉt eſtaſiers habillez defdites trois couleurs & couuerts de peſſement d'or.

Trois Eſcuyers fort braues & bien montez.

Apres marchoient leſdits Seigneurs auec deux autres Gentils hommes fort magnifiquement habillez & deux ailes fur leurs efpaules.

LA fixiefme eſtoit celle de Monſieur de Crequy, Dornano, Marquis de Roſny, Sainĉt Luc, & la Vallette , cheualiers de Diane.

Premierement, dix trompettes habillez de fatin vert, conuert de croiſſans & paſſement d'argent.

Seize Pages couuerts de clinquant d'argent.

Dix pieces de grands cheuaux caparaçonnez de fatin vert
& blanc

& blanc couuert de paffement d'argent , menez chacun par
deux Eftaffiers.

Cinq Efcuyers fort braues.

Vne machine faicte en Rocher bien artiftement fait,
traifné par huict cheuaux, autour duquel y auoit vne mufique de hauts-bois & vn boccage au deffus , & dedans vn
roffignol qui chantoit inceffamment.

Cinq cheuaux d'honneur menez par chacun deux Eftaffiers,tous couuerts de broderie.

Vn chariot fort excellent tout doré,traifné par fix Cerfs
plein de voix & inftrumens , dans lequel lefdits Seigneurs
eftoient,couuerts de broderie d'argent , auec des pennaches
verts & blancs fort riches & hauts qui les couuroient tous.

Cinq efcuyers apres fort bien montez & bien habillez.

***

LA feptiéme compagnie eftoit celle de monfieur de Mont-
mórency,monfieur de Reboul & de fainct Iean.

Six trompettes veftus de fatin vert & iaune , auec des
aifles fur le dos.

Sept cheuaux enharnachez de toutes fortes de fonnettes
plumes,fteurs,queuës de Renard, menez par diuers efclaues
de differentes nations.

Douze eftaffiers habillez de fatin vert , & deffus du
clincan d'or.

Quatre efcuyers bien veftus & bien montez.

Douze corn ets à bouquin.

Vn Chariot de triomphe dans lequel eftoit ledit Seigneur de Montmorency,& trois autres reprefentoient Per-
cee,& au deuant eftoit trois Parques en triangle , & au def-
fous vne mufique de haut-bois.

Apres vn grand rocher, fuyui d'vn dragon volant , duquel
Rocher fortoit des fontaines de vin,& alloit de luy mefme.

***

LA huictiefme compagnie eftoit celle de Meffieurs de
Fiat & Arnault.

Premierement fix trompettes.

Douze pages.

Trois cheuaux bardez,couuerts de broderie d'or & d'argent.

N

Vne fort belle machine, sur laquelle y auoit quatre statuës qui souftenoient vn monde, & vne grande couronne d'or au deffus.

Apres marchoient lefdits fieurs de Fiat & Arnault richement habillez & bien montez.

L A neufiefme, Monfieur le Comte de Nouaille, Monfieur le Baron du Sel, & Monfieur de Varannes.

Douze trompettes habillez de velours rouge chamarrez de paffement d'or.

Huiĉt cheuaux caparaçonnez de mefmes conduits par ĉhacun deux Turcs, veftus de taffetas de la Chine.

Vne Machine fort excellente, reprefentant vne Baleine dans vne mer, & vn Dauphin au deffus, & autour vne mufique comme dans la mer.

Neuf Pages auec lances & efcuffons, mefmes habits.

Vingt eftafiers habillez de velours rouge, paffe-mentees d'or, l'efpee doree, la tocque de velours & la mouftache à l'Efpagnolle marchans de mefme. Apres lefdits feigneurs bien montez, & habillez en broderie d'or, & hauts panaches, deux Efcuyers bien veftus & à leurs chappeaux des oyfeaux de Paradis.

L A Derniere compgnie eftoit celle des Cæfars, Meffieurs le Duc de Rets, Duc de Raonets Comte de Moranes, Comte de Chambert, Marquis de Marmoutier, Marquis de Marquis de Sablé, Marquis de Trenel, Baron de Brefieux, Monfieur de Courtenuault, Beauuais Nangy, la Boifsiere, & Monglas.

Premierement dix-huiĉt trompettes affez bien habillez de toille d'argent.

Deux hommes tenans en leur mains des baftons de trophées Romaines.

Deux Roys Romains captifs.

Vn chariot de trophees traifné par deux Elephans.

Huiĉt efclaues enchaifnez par le col & les mains,

Deux trophees Romaines differentes.

Deux Roys captifs.

Vn autre chariot traifné par des chameaux,

Huict esclaues enchainez comme dessus.

Deux trophees Romaines differentes.

Deux Roys captifs.

Vn autre chariot de trophees. ̸

Dix Esclaues.

Vingt-quatre pieces de grands cheuaux menez par chacun deux esclaues couuerts de satin rouge & clincant d'or.

Trente pages habillez de rouge , & couuerts de clincant d'or.

Dix escuyers fort bien montez & bien habillez.

Vn chariot magnifique plein de musique & de cornets à bouquins.

Vingt estafiers couuerts de clincan d'or.

Apres marchoient lesdits Seigneurs bien montez & habillez en broderie d'or & d'argent.

Voila tout ce qui se passa en ces trois iours, & firent leurs entrees selon l'ordre marqué cy dessus : Et se tindrent au camp iusqu'à la nuict qu'on commença a souner trompettes, tabours & clairons,& toutes autres sortes de musique , qui cesserent quand l'on voulut mettre le feu audit Chasteau qui estoit plain d'artifice. Alors toutes les gardes du Roy tirerent plus de deux mille coups de mousquets tout au coup, qui firent vn grand bruit,& au mesme instant le chasteau tout en feu,tant de coups de canon,boetes, que petards & fusees, lesquelles monterent soudain en l'air si hautque l'on les perdoit de veuë , & si dextrement qu'ils n'offencerent personne. Et comme ledit Chasteau brusloit,on voyoit changer toutes sortes de figures tout en feu.

F I N.

Ans de Iesus Chryst.	Nõbre des Roys.	ORDRE DE TOVS LES Roys qvi ont regné en France iusques à present 1613. adapté aux ans de noftre Seigneur Iesvs Christ.
420	1	PHaramond fils de Marcomir à regné xj. ans.
430	2	Glodion ou Cloion le Cheuelu à regné xxv. ans.

ROYS DESCENDVS DE la race des Meroüees.

		Meroüee à regné x. ans.
450	3	Chilperic ou Hilperic fils de Meroüee, à regné xxiiij. ans.
459	4	Clouis ou Luduin felon les Allemans, à regné xxx. ans.
484	5	Childebert Roy de Paris.
		Clotaire Roy de Soiffons. ⎰ ont re-
514	6	Clodamire Roy d'Orleãs. ⎱ gné en- femble
		Theodoric Roy de Mets. 42. ans.
558	7	Clotaire a tenu feul la Monarchie de

		France par l'espace de huict ans.
564	8	Cherebert, autrement dit Aribert, Roy de Paris. / Chilperic Roy de Soissons. / Gotran Roy d'Orleans. / Sigebert Roy de Mets. — regnerent ensemble 15. ans.
578	9	Chilperic à regné seul par le moyen de Fredegonde sa femme 8. ans.
	10	Clotaire ij. à regné xxxvii. ans.
586	11	Dagobert a regné xvi. ans.
532	12	Clouis, ou Louys ij. du nom à regné xviij. ans.
647	13	Clotaire iij. à regné 4. ans.
666	14	Childeric ij. du nom. / Theodoric. — regnèt tous deux 19. ans.
670	15	
	16	Clouis iij. du nom, à regné 4. ans.
689	17	Childebert ij. du nom, à regné dix-sept ans.
693	78	Dagobert ij. du nom, à regné cinq ans.
710	19	Clotaire iiij. & Daniel, dit depuis Chilperic ij. du nom. — ont regné 5. ans, & demy.
715	20	
	21	Theodoric, ou Thierry, à regné vingt ans.
720	22	Childeric iij. du nom, le dernier de la race des Merouees, à regné dix ans.
740		

Ans de Iesus Christ.	Nõbre des Roys.	ROYS DESCENDVS DE la race des Pepins, autrement des Carlees : à cause de Charles Martel, ou Charlemaigne.
741 750		Charles Martel Duc & Prince des François, gouuerna le royaume 25. ans, mourut 741.
769	23	Pepin le Bref fils de Charles Martel, à regné 17. ans.
814	24	Charlemaigne à regné 40. ans.
840	25	Loys le Debonnaire Empereur, à regné 27. ans.
878	26	Charles ii. du nom, dit le Chauue, à regné 38. ans.
879	27	Loys iii. dit le Begue, a regné 18. mois
	28	Loys & Carloman freres bastards, ont regné vn an quelques mois.
881	29	Loys dit Faineant, & Charles le Gros, ont regné 9. ans.
889	30	Eudes ou Odon fils de Robert Duc d'Aniou, a regné dix a onze ans.
899	31	Charles le simple, fils de Loys le Begue à regné 25. ans.
823	32	Raoul de Bourgõgne fils de Richard, nepueu de Loys le Begue de par sa fille, a regné 13. ans.
936	33	Louys d'Outremer fils de Charles le Simple, à regné 19. ans.
954	34	Lothaire a regné 32. ans.
986	35	Loys v. dernier de la race des Carlees, regna enuiron 2. ans.

Ans de Iesus Christ.	Nôbre des Roys.	ROYS DESCENDVS DE la race des Capets.
988	36	Hugues Capet Comte de Paris, regne 8. ans.
996	37	Robert regne 32. ans.
1028	38	Henry premier du nom, regne 33. ans.
1061	39	Philippes premier du nom, regne 49 ans.
1109	40	Loys xi. dit le Gras, regne 39. ans.
1137	41	Louys vii. dit le ieune ou le Piteux, regne 44. ans.
1181	42	Philippes Auguste dit Dieu-donné, regne 44. ans.
1223	43	Louys viii. regne 4. ans.
1227	44	S. Louys 9 du nom, regne 44. ans.
1271	45	Philippes 3. du nom surnommé le Hardy, regne 15. ans.
1286	46	Philippes 4. du nom, dit le Bel, regne 29. ans.
1315	47	Louys Hutin 10 du nom, regne 18. mois.
		Iean fils Postume de Louys Hutin.
1317	48	Philippes le long, regne 6. ans.
1322	49	Charles le Bel regne 6. ans.
1328	50	Philippes de Valois, regne 23.
1350	51	Iean, regne 14. ans.
1364	52	Charles v. dit le Sage, regne 17. ans.
1381	53	Charles vi. regne 42. ans.
1423	54	Charles vii. regne 39. ans.
1462	55	Louys xi. regne 22. ans.

1483	56	Charles vii j. à regné 14. ans.
1498	57	Loys xij. à regné 18. ans.
1515	58	François de Valois Duc d'Angoulesme à regné 32. ans.
1547	59	Henry ij. du nom, à regné 12. ans.
1559	60	François ij. du nom, à regné vn an tant de mois.
1560	61	Charles ix. du nom, a regné 14.
1574	62	Henry iij. du nom, a regné 15. ans deux mois.
1589	63	Henry iiij. du nom, a regné 20. ans, 9. mois, 13. iours
1610	64	Louys xiij. du nom, regne a present heureusement.

F I N.